- 广州市教育科学规划2025年度课题青年教师专项课题"基于深度学习的乡村高中物理概念教学创新实践与高阶思维培育机制研究"（课题编号：202419017）研究成果
- 广州市教育研究院2022年度科研专项课题"培育思政课核心素养的新结构教学评实践教学研究"（课题编号：2022szk54）研究成果
- 华南师范大学"融合视域下项目式学习作为劳动教育实践路径与策略的研究"项目（项目编号：332405）研究成果

素养导向的应元项目式学习课程

徐华 廖文 / 编著　　　钟馥妃 / 绘

·广州·

图书在版编目（CIP）数据

素养导向的应元项目式学习课程 / 徐华，廖文编著；钟馥妃绘. -- 广州：华南理工大学出版社，2024.11. -- ISBN 978-7-5623-7807-5

Ⅰ. G634

中国国家版本馆 CIP 数据核字第 2024TX8453 号

SUYANG DAOXIANG DE YINGYUAN XIANGMUSHI XUEXI KECHENG
素养导向的应元项目式学习课程
徐 华 廖 文 编著　　钟馥妃 绘

出 版 人：房俊东
出版发行：华南理工大学出版社
　　　　　（广州五山华南理工大学 17 号楼，邮编 510640）
　　　　　http://hg.cb.scut.edu.cn　E-mail: scutc13@scut.edu.cn
　　　　　营销部电话：020-87113487　87111048（传真）
策划编辑：吴翠微
责任编辑：刘　锋
责任校对：洪　静
印 刷 者：广州一龙印刷有限公司
开　　本：889mm×1240mm　1/16　印张：12.75　字数：272 千
版　　次：2024 年 11 月第 1 版　印次：2024 年 11 月第 1 次印刷
定　　价：58.00 元

版权所有　盗版必究　　印装差错　负责调换

编委会

主任 徐 华　廖 文

副主任（以姓氏拼音为序） 程 嵘　黄梓晴　林桂敏　马伯雄　王 仙　王悦霞　谢 沂

编委（以姓氏拼音为序） 蔡宇潇　陈佳琦　何胤莹　江炜桐　李 槿　李晓瑶　林彩洁　林晶晶
林欣诺　刘 松　彭路静　王奎云　吴开爽　吴若乔　徐慧琳　徐熙钰
许 婷　张 泓　张 淼　周广乐　朱庆贵

设计 钟馥妃

顾问单位
华南师范大学教师教育学部未来学习空间研究中心
华南师范大学劳动教育研究中心
广州道尔顿教育科学研究院
广州达尔道教育科技有限公司

目录

团队篇 队伍吹响集结号
——团队科学管理　/001
高效合作——组建我们的研究团　/001
我们有约在先——建立团队契约　/016

思维篇 思维模型有门道
——研究方法培训　/032
增城千年　古城风范——建立系统的学习模式　/032
设计老年友好型社区——培养数据分析敏感度　/051
擦亮增城金招牌——特色产品助农直播　/064
太空种子的秘密——未来科学家培养计划　/082

实践篇 我做增城代言人
——社会调研实录　/103
岭南底蕴　君子若水——探访增城的岭南先贤　/103
水陆转换　畅达中外——增城古驿道寻踪　/123
世界"牛仔服装之乡"——新塘牛仔服装产业　/140
技术发明　产业立区——新能源汽车产业　/164

总结篇 各路成果齐争鸣
——综合评议汇报　/182
绿美荔城竞风华——飞鸟观察之旅　/182

团队篇

队伍吹响集结号——团队科学管理

高效合作
——组建我们的研究团

完成一项任务时，你倾向于自己单打独斗还是找人合作？你愿意和别人一起合作吗？

为了在未来展开高质量的湾区研究，组建一个高效合作的研究团必不可少。研究团到底有什么作用？让我们一起认识团队合作的重要性，组建起属于自己的研究团吧。

认识研究团

1 华盛顿合作定律

华盛顿合作定律认为，人与人的合作不是人力的简单相加，而要更复杂微妙。若每个人的能力都为1，当团队团结一心时，会产生"1+1＞2"的效果；而当团队内耗、无人愿意工作时，就会导致"1+1＜2"。

你知道自己生活中有哪些重要的团队合作吗？你认为这些团队合作效果如何？为什么如今人们不愿互动、不愿合作的现象越来越多？思考社会中影响合作的因素及其产生原因。和身边的伙伴充分讨论，得出你们的答案。

我知道的合作	我认为目前的合作效果
政治合作	
经济合作	
个人合作	

你知道有哪些效应会影响团队合作吗？请查找资料，认识这些效应，思考生活中有什么案例可以用来解释它们，并提供解决这些影响因素的策略。

旁观者效应

又称责任分散效应，指当要求一个群体共同完成任务或面对紧急情况时，群体中的每个个体的责任感会减弱，这使他们面对困难或承担责任时往往会退缩。尤其当知道或注意到紧急情况的人有所增加时，人们施予帮助的可能性就会变小。

我能想到的案例	解决策略

社会惰化作用

群体一起完成一件事情时，个人活动积极性会降低，付出的努力比单独完成时偏少。

我能想到的案例	解决策略

组织内耗现象

常常发生在群体中，社会或部门内部因不协调或矛盾等造成人力、物力等方面无谓的消耗而产生的负效应。

我能想到的案例	解决策略

2 组建研究团

现在，你更理解团队合作的重要性了吗？接下来，我们要开始组建自己的研究团。研究团一般由几名成员组成，成员一般具有不同背景、特长与经验，以便于团队开展多元化探究，公平分配工作。研究团能使成员们协同共进，共同成长。你对研究团的期待是什么？你理想的团队成员要有什么特质？你认为组建研究团有什么好处？在下框写出或画出你对团队的期待吧，形式不限，请尽情发挥。

请带着你对团队的期待与其他同学交流，并试着向符合你对团队的期待的同学发出组队邀请，完成组队吧。

3 我的队友很厉害

请与新组建的研究团的成员们互相沟通，增进了解，并把成员的信息记录下来，试着从中发现伙伴们的闪光点，分析其贝尔宾团队角色。

姓名：
个性标签：
兴趣特长：
我发现的闪光点：
贝尔宾团队角色：

姓名：
个性标签：
兴趣特长：
我发现的闪光点：
贝尔宾团队角色：

姓名：
个性标签：
兴趣特长：
我发现的闪光点：
贝尔宾团队角色：

姓名：
个性标签：
兴趣特长：
我发现的闪光点：
贝尔宾团队角色：

姓名：
个性标签：
兴趣特长：
我发现的闪光点：
贝尔宾团队角色：

贝尔宾团队角色理论

一支结构合理的团队应该拥有九个团队角色，即鞭策者、执行者、完成者、外交家、协调者、凝聚者、智多星、审议员和专业师，这九个团队角色在团队中起着互补但同样重要的作用。一个团队并不是一堆有职位头衔的人，而是一群有着被他人理解的团队角色的个人。团队成员寻求特定的角色，且在最接近他们本质的角色中表现得最有效率。

湾区研究团

组建好研究团后，请试着开始团队磨合，完成任务，共同为探索湾区迈出第一步吧。

1 湾区未来力

强大的想象力和创造力对研究团来说必不可少。请大开脑洞，想象你最想在校园内实现并完成的项目，并思考如何与研究团的成员共同完成。项目想法可以结合实际，也可以天马行空。完成以下表格，向团队成员展现你对未来的想象吧。

项目名称	
项目目标	
项目成果	

2 我来做文创

请拿起画笔，结合湾区历史与文化传统，查找资料，设计一套"湾区印象"的文创产品吧。文创产品形式不限，注意凸显出城市特色哦。

文创类型	城市徽章、雨伞、桌游、特色美食……
文创名字	你会给作品起什么名字呢？
文创内容	设计理念： 涉及的城市历史：

项目进度：计划　分工　搜集　梳理　研讨　设计　制作　测评　优化　发布

续上表

设计示意图：
用画笔画出你心中的作品吧

文创创意点	
文创卖点	

3 湾区未来自定义

设想50年后粤港澳大湾区的远景蓝图，你期待看到怎样的湾区城市？哪些主题是你感兴趣的？你认为哪个主题最值得研究？为什么？

☐ 湾区交通规划　　☐ 未来学校设计　　☐ 未来智慧城市　　☐ 数字经济

☐ 传统文化传承　　☐ ＿＿＿＿＿＿　　☐ ＿＿＿＿＿＿　　☐ ＿＿＿＿＿＿

在勾选的主题中，你想象中的未来城市会是怎样的？

续上表

你希望和成员们在"湾区未来传统融合"项目的学习中有什么收获？你期待学到哪方面的知识？

4 觉醒未来创造力

将你认为最值得研究的主题与团队成员分享，尝试运用"HOW—NOW—WOW 矩阵法"，向与你意见不同的成员说明想法，为自己的观点辩护并尽可能说服对方。这样能帮助团队进一步拓展创造力，跳出思维定式。最终，你们要达成统一意见，选出团队认为最值得研究的主题，并试着完善这一未来项目设想。

结合队员的想法，绘制如下 2×2 矩阵图，x 轴表示创新性，y 轴表示实现难度。NOW 区域表示易于实现但创新性一般的想法，HOW 区域表示具有创新性但不可能实现的想法，WOW 区域则表示具有创新性且易于实现的想法。不同人的想法会有差异，请努力拓展思维，提出更多改进想法而非批判性意见。

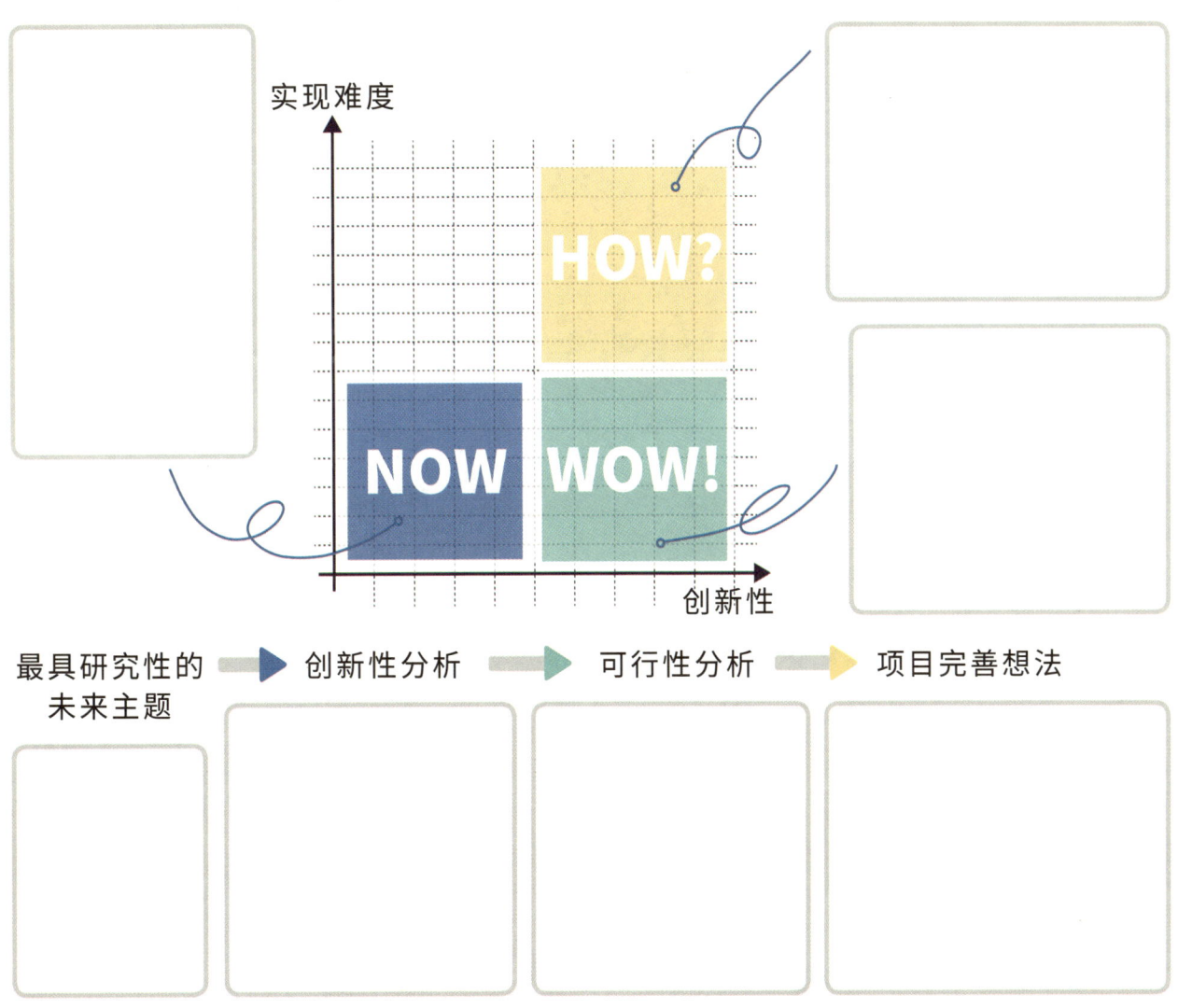

最具研究性的未来主题 ➡ 创新性分析 ➡ 可行性分析 ➡ 项目完善想法

项目进度：计划　分工　搜集　梳理　研讨　设计　制作　测评　优化　发布

钻研透视镜

企业都有一套VI（visual identity）系统，即视觉识别系统，它能将企业最具传播力和感染力的形象呈现出来。运用系统的视觉符号，可实现受众对企业理念、企业文化、产品品牌等的快速认知与识别。构成VI系统的基本要素包括企业名称、企业标志、标准色彩、标语口号、企业吉祥物等。

每一个研究团也应形成自己的VI系统。请与团队成员讨论，以图文形式记录成员想法，共同制作一套研究团VI系统方案。

1 创意想法池

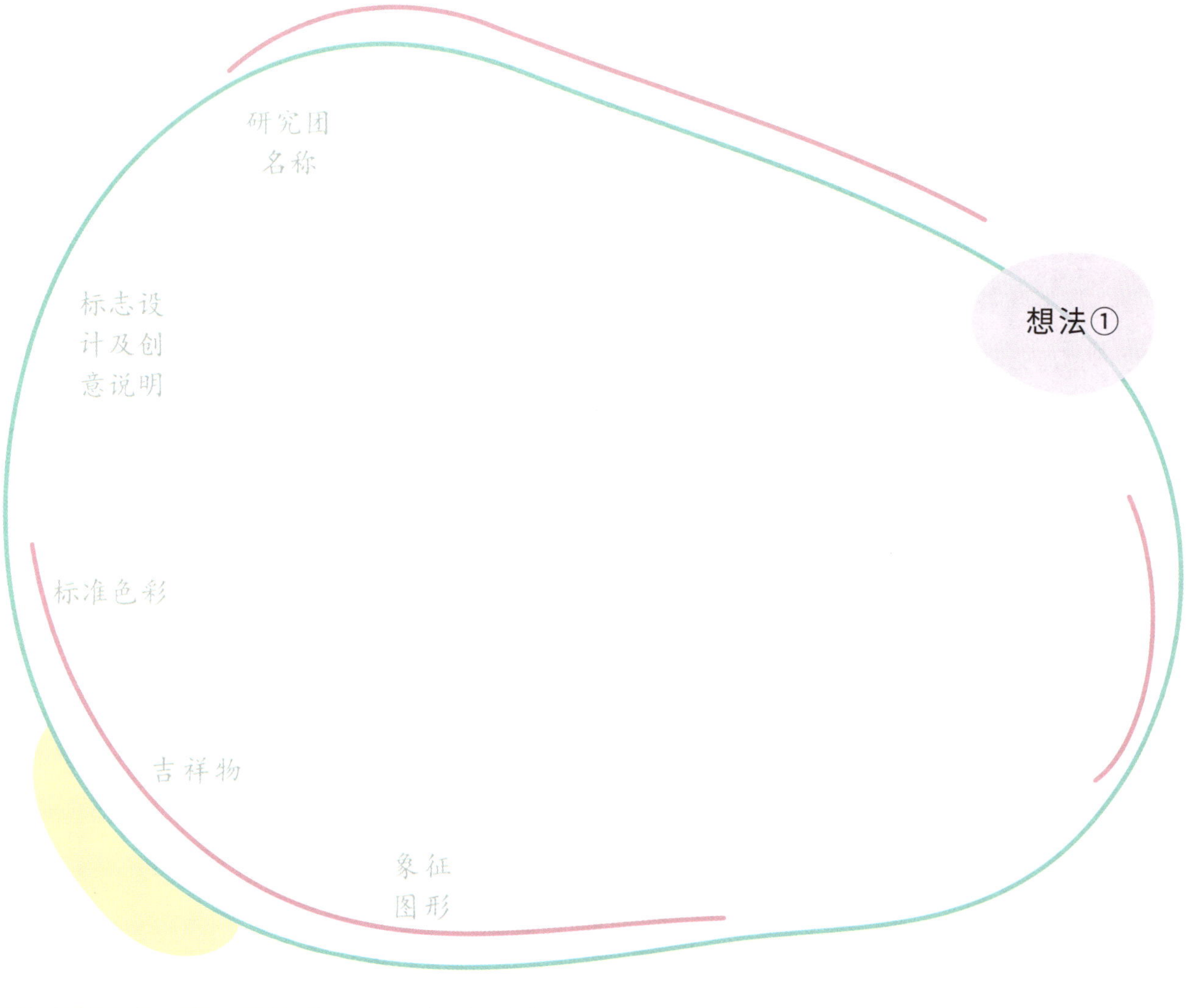

- 研究团名称
- 标志设计及创意说明
- 标准色彩
- 吉祥物
- 象征图形

想法①

高效合作——组建我们的研究团

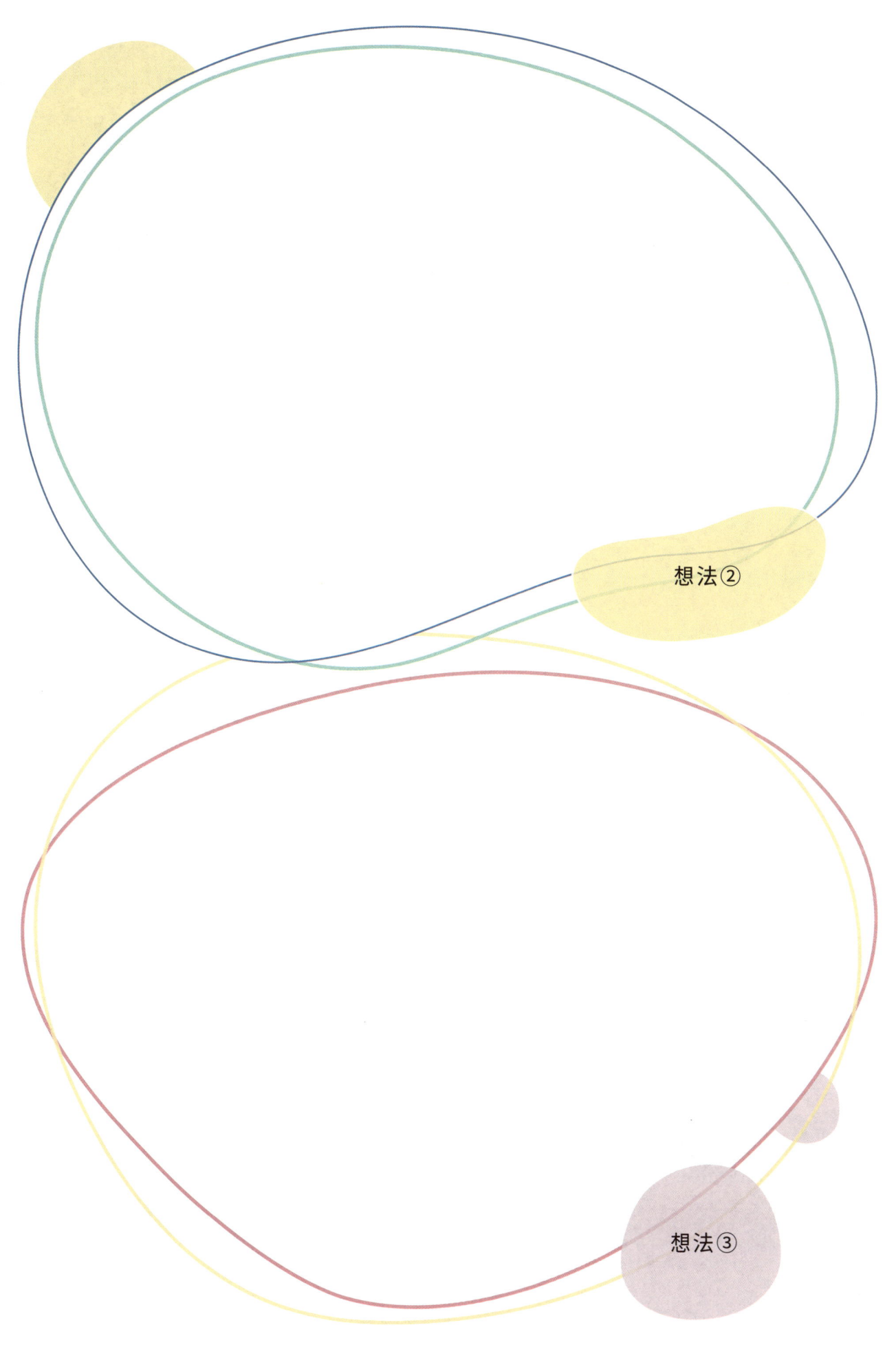

想法②

想法③

项目进度　计划　分工　搜集　梳理　研讨　设计　制作　测评　优化　发布

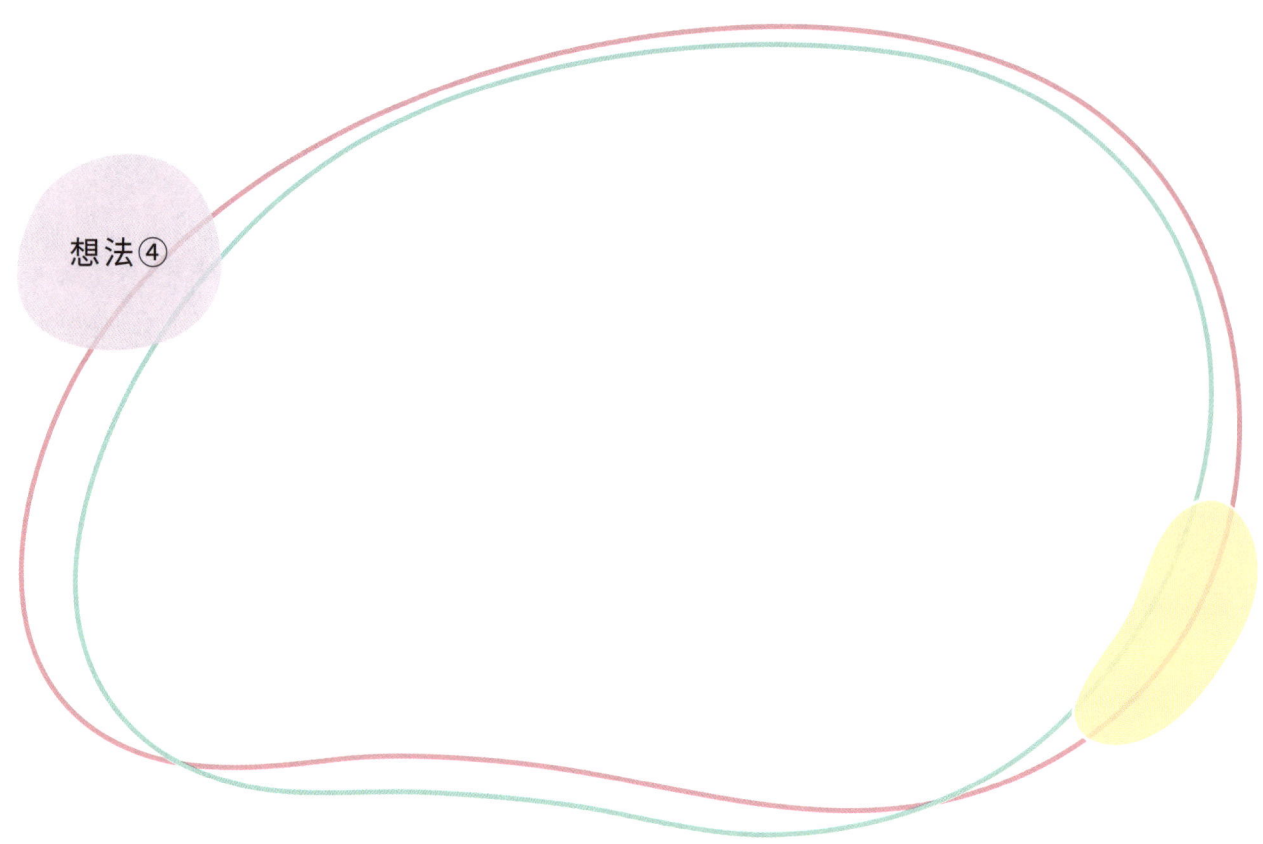

想法④

2 团队成员分工

职位	职责	负责人
团长	做好学习项目管理，	
信息搜集师	提供多种信息搜集方法，	
资料分析师	提供文献材料的分析方法和角度，掌握科学分析方法，	
人际沟通师	提供与他人交流的礼仪规范，指导采访、调研等交流，	
美学设计师	提供研究成果集成与呈现的设计，	

3 我们的 VI 系统

请把团队最终达成共识的内容记录下来。

研究团名称	
标志设计	
创意说明	
标准色彩	
吉祥物	
象征图形	

项目进度：计划　分工　搜集　梳理　研讨　设计　制作　测评　优化　发布

4 合影留念

> 请展示最能彰显团队分工与VI特色的造型

跃动湾区，乐享未来

1 "跃动湾区"风采展

请以研究团为单位，共同举办"跃动湾区"风采展，向同学们展示你们团队的创意吧。

展示内容	必选： ①"湾区印象"文创 ② VI系统创意池 备选： ① ②
展示方式	演讲、情景剧、视频等，形式不限
制作类型	平面设计类：
	视频类：
	其他：

2 最佳团队评选

通过沟通研究，各个研究团都已完成团队组建，深入理解了团队合作的重要性，并完成了研究团的VI系统设计。现在，请科学、客观地对每个研究团的组建表现进行评分，评出你们心中的最佳研究团吧！

评分标准 *选出领队，商议补充其他的标准*

最强VI系统团
获奖团队

① 团队VI系统基本设计美观，重点突出
② 团队VI系统应用设想符合团队实际，富有借鉴意义

评分标准

最具未来力湾区团

① 湾区未来项目设想充分，有创造力
② 湾区文创方案贴合实际，有可落地性

评分标准

最秀解说团

① 组员分工合理，合作良好
② 解说配合恰当，表达流畅

评分标准

评分标准

项目进度　计划　分工　搜集　梳理　研讨　设计　制作　测评　优化　发布

3 总结与记录

全面回顾本次项目学习经历，对自己和同学的表现作出客观评价。

学习记录卡

回顾制订 VI 系统方案的全过程，你们团队是否达到了自己的目标？哪些目标完成得更好？

_____

你们的团队是如何合作的？你认为在这次合作中你对团队贡献最大的事是什么？哪些合作事项是你之前没想到的？

_____

_____

我还想继续深入探讨的问题：_____

_____

项目展示中，_____研究团的分享给我留下了深刻印象，他们值得学习的地方：_____

4 研究团成长贴

根据项目学习经历，给自己与队友的表现作出客观评价，并打上星星吧。

未来世界我来创

现在我们组建起了自己的团队,完成了基本的团队合作,相信团队成员都给你留下了深刻印象。团队有执行者,也有管理者。管理者作为团队的领头羊,是重要的角色。甄别力是管理者最重要的能力之一,请以管理者的角度,借助"冰山理论人才甄别法"甄别你的队员,并说说你选定人才的逻辑。

冰山理论实际上是一个隐喻,它指一个人的"自我"就像一座冰山一样,我们能看到的只是表面很少的一部分行为,而更大一部分的内在世界却藏在更深层次,不为人所见,恰如水面之下的冰山。

选拔人才应该更关注冰山以下的部分。

你选定人才的逻辑是:_____

我们有约在先
——建立团队契约

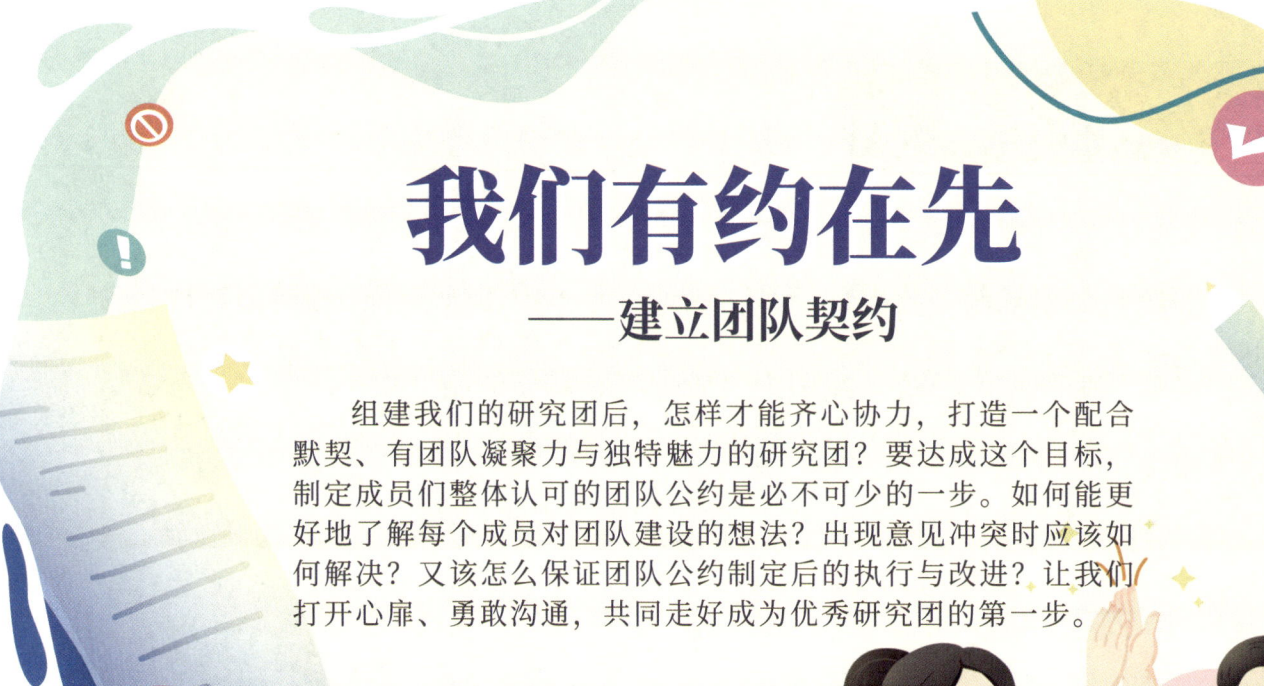

组建我们的研究团后，怎样才能齐心协力，打造一个配合默契、有团队凝聚力与独特魅力的研究团？要达成这个目标，制定成员们整体认可的团队公约是必不可少的一步。如何能更好地了解每个成员对团队建设的想法？出现意见冲突时应该如何解决？又该怎么保证团队公约制定后的执行与改进？让我们打开心扉、勇敢沟通，共同走好成为优秀研究团的第一步。

我们的聊天角

在展开讨论前，请研究团的成员们先围坐成一圈，使所有人都能看到其他团队成员的脸。在讨论过程中，每人可轮流走到中间面向大家发言，向团队成员分享自己的想法。团队成员发言时，其他成员不能打断，等其发言结束后其他成员再参与讨论。

① 研究团特质

请先思考：研究团想要保证民主与效率，需要具备哪三个特质？在与成员合作的过程中，你认为什么挑战会影响团队工作效率与团队氛围，你想如何解决这种挑战？请把你有同感的回答写在下面的表格中，并尝试解释其原因。

研究团保证民主与效率需要具备哪三个特质？	
耐心	原因
沟通	
明确目标	

2 了解我的队友

团队之中每个人的个性不同，想要求同存异，达成更好的协作，了解队友是必不可少的一步。请每位成员都完成"DISC 测评"（D 即 dominance，意为"支配性"；I 即 influence，意为"影响力"；S 即 steadiness，意为"稳健性"；C 即 compliance，意为"服从度"）。根据测评结果，了解每个团队成员的管理、领导素质及情绪稳定性等特质，从而与队友之间达成共识，找到团队的平衡点。

样题

DISC

（1）我是一个什么样的人？
　①敢于冒险：愿意面对新事物并敢于下决心掌握的人；**D**
　②适应力强：轻松自如适应任何环境；**S**
　③生动：充满活力，表情生动，多手势；**I**
　④善于分析：喜欢研究各部分之间的逻辑和正确的关系。**C**

（2）我是一个什么样的人？
　①坚持不懈：要完成现有的事才能做新的事情；**C**
　②喜好娱乐：开心，充满乐趣与幽默感；
　③善于说服：用逻辑和事实而不以威严和权利服人；**D**
　④平和：在冲突中不受干扰，保持平静。**S**

（3）我是一个什么样的人？
　①顺服：易接受他人的观点和喜好，不坚持己见；**S**
　②自我牺牲：为他人利益愿意放弃个人利益；**C**
　③善于社交：认为与人相处是好玩，而不是挑战或者商业机会；**I**
　④意志坚定：决心以自己的方式做事。**D**

（4）我是一个什么样的人？
　①使人认同：因人格魅力或性格让人认同；I
　②体贴：关心别人的感受与需要；C
　③竞争性：把一切当作竞赛，总是有强烈的想赢的欲望；D
　④自控性：控制自己的内心情感，极少流露。S

（5）我是一个什么样的人？
　①使人振作：给他人清新振奋的刺激；I
　②尊重他人：对人诚实尊重；C
　③善于应变：对任何情况都能作出有效的反应；D
　④含蓄：自我约束情绪与热忱。S

（6）我是一个什么样的人？
　①生机勃勃：充满生命力与活力；I
　②满足：容易接受任何情况与环境；S
　③敏感：对周围的人事过分关心；C
　④自立：独立性强，只依靠自己的能力、判断与才智。D

　　根据测评结果，你认为你与其他研究团的成员的异同点是什么？这些差异有助于你们达成哪些方面的合作？请在下方填上每个成员的名字并标注他们的DISC特质，试着思考怎样能与每个人达成默契的合作。

成员名字：_____
DISC特质：_____
我们之间的异同点：_____
应如何达成合作：_____

成员名字：_____
DISC特质：_____
我们之间的异同点：_____
应如何达成合作：_____

成员名字：_____
DISC特质：_____
我们之间的异同点：_____
应如何达成合作：_____

成员名字：_____
DISC特质：_____
我们之间的异同点：_____
应如何达成合作：_____

成员名字：_____　　我们之间的异同点：_____
DISC特质：_____　　应如何达成合作：_____

　　组建和谐的研究团，离不开团队成员间达成共识，形成契约。契约精神是一种自由、平等、守信的精神。团队成员需遵守契约，不随意违背契约，也不超出契约范围要求他人。

我们有约在先——建立团队契约

3 团队期待大解密

你对团队合作还有哪些期待？有哪些不能接受的事情？请写在下面的树形图中，并走到聊天角中间向成员表达你的观点。在聆听成员想法的过程中，每个成员都有表达"不"的权利，请认真聆听，注意礼貌发言。

我理想的团队合作是？

我反感/讨厌的团队行为是？

项目进度　　计划　分工　搜集　梳理　研讨　设计　制作　测评　优化　发布

4 共识碰碰车

把你和团队成员之间有冲突的地方讲出来，运用共识碰碰车，达成由"我"到"我们"的共识。

我为什么这么期待？我认为这个不能忍受的行为意味着什么？	我们的共同目标是什么？我们分别看到什么？

思维进阶

1 生活中的契约

契约贯穿我们的生活,有的约定俗成,有的则明文规定。不同的群体与环境,有不同的契约,你知道生活中有哪些我们要遵守的契约吗?它们有什么作用?

地点 / 事件	契约(类型)	作用
餐馆	吃饭付钱(约定俗成)	
学校	《中小学生行为守则》(明文规定)	

2 不完全契约

不完全契约认为人的认知是有限的,不可能预见未来所有的情况,因此明文契约注定是不完全的。举例而言,之前的交通法规是不完全的契约,因为无法预料会有怎样的交通新事物(如网约车、电动双轮车);公司制的契约亦是不完全的,因为可能出现公司股权及股东变动、公司所有权与控制权分离等情况。

(1)基于这一理论,我们团队合作中即将达成的契约也是不完全的,请思考:这种不完全契约会导致团队未来出现什么情况?这种情况与哪些因素有关?原因是什么?

_____
_____

(2)若在发展过程中出现新问题,应优先保障何者的利益?是否能采取预防措施尽可能解决契约的不完全性?请思考:若出现上题所述情况,应从哪些方面采取预防措施以使团队运转正常?

如:监管方面,信任机制方面,公约章程方面……

_____

(3) 除预防措施外，出现问题后，我们应如何补全契约？要考虑什么因素？根据不完全契约理论，之后的决策应保证总体利益最大化，即找出最大利益主体，制定措施保证最大利益优先，并对受损利益进行补偿。请你思考：若出现第一题所述情况，可以从哪些方面着手？

(4) 你认为不完全契约是坏事吗？这种不完全性是否能带来其他好处？

3 提升效率的工具：PDCA 循环

PDCA 循环是一个持续改进的模型，包括计划（plan）、执行（do）、检查（check）与处理（act）。这一过程并非一次即结束，而是周而复始、螺旋上升而持续改进的。运用这个工具，我们可以不断解决这一过程中发现的问题，总结经验，进一步把控影响团队效能的诸多因素，共同提高团队效率。

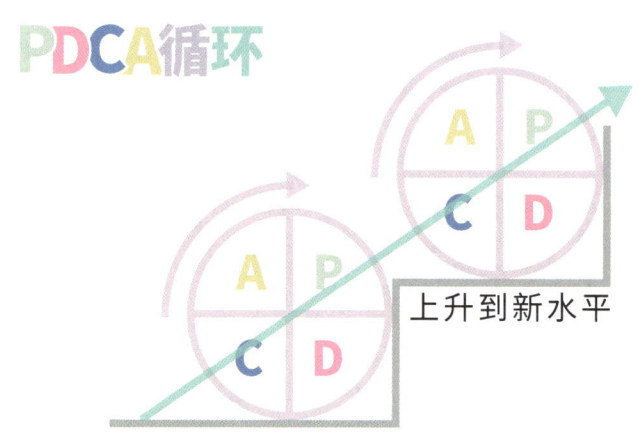

(1) 请思考：我们要如何制订一个合理的目标？如何制订长期目标并拆分阶段性目标？以下哪些是需要长期计划的事？哪项是拆分的阶段性目标？试着进行连线匹配。

（2）请准备好团队执行本，合理制订目标及计划，并将团队待办事项填写在计划表中，按计划表执行。在每项计划完成后，请进行备注。注意这一步骤将运用于后期团队合作的大部分环节中，请认真执行计划。下面，请自行设计你们独特的团队执行本吧。

（3）每次工作结束后，团队需共同检查每一事项的完成情况，并在执行本上标注，确认工作计划及实施方法是否对完成目标产生积极影响。未完成或未达标的，需要检查原因，提出改进措施，再重新执行，再次检查与分析。你认为可能有什么因素影响团队效能，可以通过什么方式处理？怎样才能建立一个行之有效的自查系统？（多久复盘一次？与谁进行沟通？用什么方式沟通？……）

素养导向的应元项目式学习课程

小小议事堂

1 我们的约定

下面,请根据以上活动讨论得出的理想合作方式、提升团队效率的方式等,结合队友的个性,共同拟写出最适合你们团队的契约吧。

我们是 _____研究团_____

在日常的团队合作中,我们全体成员共同约定:

我们要打造一个 __个性__ 、 _____ 、 _____ 的研究团。

我们研究团的宣言是 _____。

我们的团队这样管理:

① 共同讨论团队计划,团长根据计划,协调团队分工,受全员监督。

② 团队成员需自觉遵守团队契约,听从安排,大胆提出合理化建议。

③ 如果出现问题, _____。

④ _____。

我们的团队成员这样做:

① 认真学习,敢于实践,按时高效完成分内工作,积极协助队友工作。

② 以团队利益为先,积极参加团队各种活动与会议,积极与队友沟通。

③ 爱护环境,不损坏公物,厉行节约。

④ _____。

团队的奖惩措施:

① 如果队员违反契约,其他队员均有权利提醒其改正,并完成 __自定创意惩罚__ _____。如果超过三次,可集体投票要求其离开。

② 认真遵守约定,贡献突出的队员,可在下一次任务分工时获得优先选择权。

③ _____。

④ _____。

我们研究团的特色小约定(基于团队成员作息习惯与工作方式):

① 允许团队成员自行安排工作时间,只要在规定时间内完成任务即可。

续上表

②＿＿＿＿＿＿＿＿＿＿＿＿＿＿＿＿＿＿＿＿＿＿＿＿＿＿＿＿＿＿＿。
③＿＿＿＿＿＿＿＿＿＿＿＿＿＿＿＿＿＿＿＿＿＿＿＿＿＿＿＿＿＿＿。

我对我们研究团的承诺（基于自己个性及团队目标）：
①我保证与其他队友积极磨合，友好沟通。
②＿＿＿＿＿＿＿＿＿＿＿＿＿＿＿＿＿＿＿＿＿＿＿＿＿＿＿＿＿＿＿。
③＿＿＿＿＿＿＿＿＿＿＿＿＿＿＿＿＿＿＿＿＿＿＿＿＿＿＿＿＿＿＿。

我们的签名

日期：＿＿＿＿＿＿＿＿＿＿

确立团队公约后，我们还需要保证契约能够正常运转，使其促进团队的协作。及时的反馈在团队协作中非常重要，一个拥有反馈习惯和沟通良好的团队，能更高效地完成各种任务。

❷ 组建反馈评议会

评议会长
姓名：＿＿＿＿＿＿
分工：召集队员并组织反馈评议会，组织队员进行自我反馈、1对1反馈及团队反馈，维持会议秩序。

会员	会员	会议记录员	会议记录员
姓名：＿＿＿	姓名：＿＿＿	姓名：＿＿＿	姓名：＿＿＿
分工：	分工：	分工：	分工：

3 设立反馈墙

怎样才能做到有效反馈？反馈等同于拷问吗？如何把握反馈的时机？正反馈和负反馈能共存吗？请试着运用"STUN-R"反馈法进行合理反馈，组建团队自己的反馈墙吧。

S	T	U	N	R
Specific 具体准确	Timely 时机恰当	Understandable 易于理解	Nonthreatening 不丢面子	Revisable 存在改进空间
实际情况与理想状态／目标之间的具体差距	反馈必须及时，把握时效，不影响反馈的积极性	哪个环节有问题？怎么使队友领悟我的反馈？	负反馈"对事不对人"；创造一个互帮互助的和谐团队环节	从反馈中发现问题，提出改进方案

列出反馈后，尝试以自己的标准对反馈进行分类，并思考能采取什么措施改进，将问题与对策都列在反馈墙上。

积极反馈	消极反馈
如何发扬团队这一方面的优势？ 团队如何利用这个方法继续提高工作效率？ 我如何使用自身技能来帮助在此方面不太优秀的成员？	这些行动距离目标差距有多远？ 我已采取了哪些行动来解决这一问题？ 为了达到团队想要的效果，还需要检查或改变什么？ 如果不做这些改变，将影响团队的哪些工作？

4 审议团队契约

　　反馈和沟通都是一个往复的过程，现在，让我们来共同审议和评估刚刚制定的团队契约，并进行自我反馈和团队"反馈圈"的讨论吧，思考有哪些做得好的地方，还有哪些地方可以再改进。

会议纪要			
会议主题			
会议时间		会议地点	
会议内容			
①团队规则的审议（收集各队员对团队规则的反馈）			
反馈 A：			
反馈 B：			
反馈 C：			
反馈 D：			
反馈 E：			
②团队规则的改进			
反馈 A：			
反馈 B：			

"我们有约在先"成果展

1 "我们有约在先"成果展

请以研究团为单位,举办"我们有约在先"成果展,形式不限。

展示内容	必选: ①团队契约 ②团队反馈墙 备选: ①理想团队畅想表 ②团队工作时间规划
展示方式	演讲、情景剧、视频等,形式不限
制作类型	平面设计类: 视频类: 其他:

2 新秀研究团

通过沟通研究,各个研究团都已完成了团队公约的制定,对团队契约及团队合作有了更深的了解。现在,请科学、客观地对每个研究团的表现进行评分,评出你们心中最佳的新秀研究团吧!

最强契约制定团
获奖团队

评分标准　选出领队,商议补充其他的标准

①团队公约设计美观,重点突出
②契约条款符合团队实际,富有借鉴意义
③契约条款逻辑清晰,部分条约有创意性

最牛约定守护者

评分标准

①成员反馈及时充分,努力为团队出谋划策
②剧本调研扎实,对场景、资源调动充足
③剧本技巧丰富、富有逻辑,情节能打动人

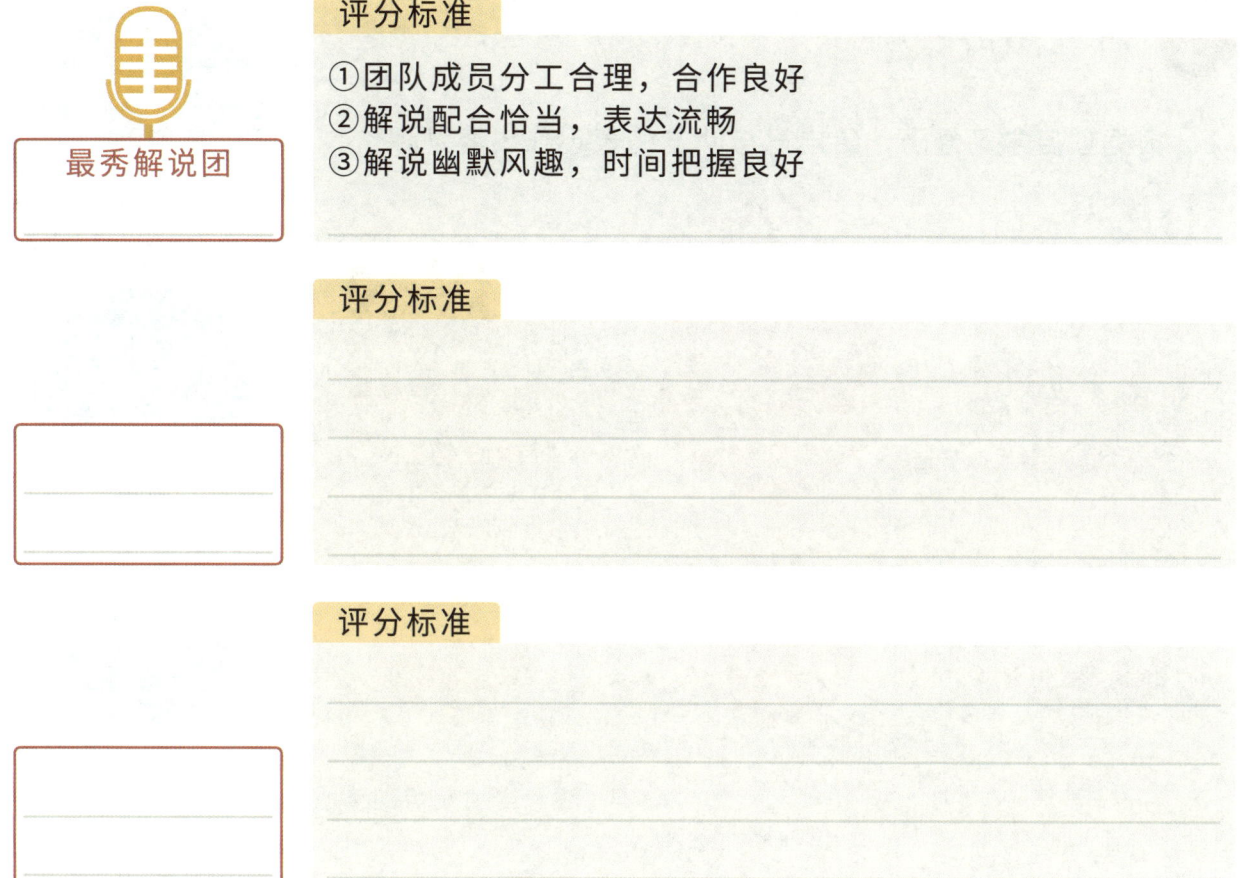

3 总结与记录

全面回顾本次项目学习经历,对自己和同学的表现作出客观评价。

学习记录卡

我通过项目学习到的内容:＿＿＿＿＿＿＿＿＿＿

　　我还想继续深入探讨的问题:＿＿＿＿＿＿＿＿＿＿

　项目展示中,＿＿＿＿＿＿＿＿研究团的分享给我留下了深刻印象,他们值得学习的地方:＿＿＿＿＿＿＿＿

4 研究团成长贴

根据项目学习经历,给自己与队友的表现作出客观评价,并打上星星吧。

合作精神	探究能力	批判思维	沟通交流
☆☆☆☆☆	☆☆☆☆☆	☆☆☆☆☆	☆☆☆☆☆
个人自评 我能服从分工并积极协助团队成员	个人自评 我能用多种方式进行研究主题探究	个人自评 我能客观地看待团队合作及团队反馈	个人自评 我能选择合适的内容展现方式
☆☆☆	☆☆☆	☆☆☆	☆☆☆
最佳队友 _____	最佳队友 _____	最佳队友 _____	最佳队友 _____

未来世界我来创

倾听别人讲话是团队合作的重要环节之一,有助于团队成员意见的交流、思想的碰撞。请你以团队中领导者的角度,注意结合人际交往的倾听礼仪,利用"FFA倾听模型"收集队员对于团队契约的建议。

FFA 倾听模型

FACT
每一个表达都包含了一个事实,或者表达者理解的事实
(听清事实:听清对方说的客观事实)

FEEL
每一个表达都包含了表达者的情绪
(感知情绪:感知对方传递的情绪)

ACT
每一个表达都包含了表达者期望的一个行动
(听懂诉求:听懂对方的核心诉求)

我们有约在先——建立团队契约

倾听礼仪	微笑	开放姿态	身体前倾	眼神交流	点头
	真诚从容、轻松自然、传递友善	平等友好、迎接沟通、展示尊重	轻微前倾、拉近距离、突出重视	眼神坚定、注意节奏、引发好感	适时认同、同步思考、言语参与

队员姓名	FACT	FEEL	ACT

项目进度：计划　分工　搜集　梳理　研讨　设计　制作　测评　优化　**发布**

思维篇
思维模型有门道——研究方法培训

增城千年　古城风范
——建立系统的学习模式

你知道世界上有多少个世界级湾区吗？粤港澳大湾区的概念是怎么提出来的？未来粤港澳大湾区将如何改变世界湾区格局？增城位于大湾区联动的黄金区位，这座千年古城怎样如何进一步激发活力、把握机遇，更好地面向湾区、面向未来？请走进大湾区的增城，了解湾区城市的基本布局，体会城市系统思维。

知识万花筒

1 城市规划五要素

如何规划一座城市的发展？如何让城市形态被公众感知？著名建筑学家凯文·林奇在《城市意象》中归纳了城市功能区划的五要素：道路、边界、区域、节点和标志物，这五要素定义了城市在公众心中的印象。

城市功能区划的五要素

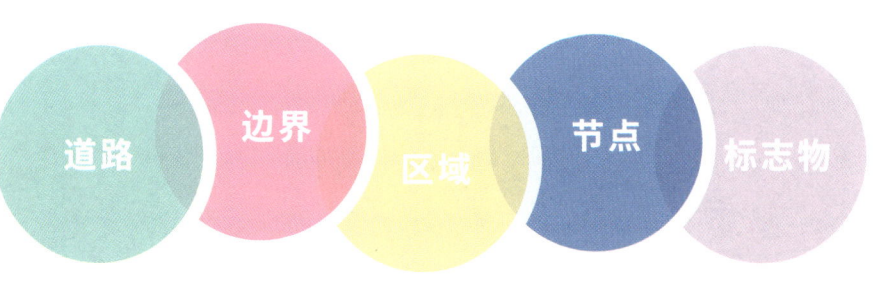

城市学习指南

查阅资料，学习概念，试着从你已有的知识中，找出能分别解释五要素的城市案例（试着搜集相关图片并打印贴到指南中，使指南图文并茂，更加美观）。接着，向团队成员讲解，并和团队成员相互评估所找案例的匹配度，加深对城市规划的理解。

五要素	我想到的城市案例	成员想到的案例
道路：城市中一切能够经过的通道，包括大街、公路、铁路、运河等。主要道路要有可识别性、不易混淆，便于形成对城市的整体印象，还要有连续性、方向性与可度量性，便于人们确定自己在行程中的位置	人们将北京的长安街和天安门等政务区联系起来	
边界：城市中无法穿越的分割线。边界能明确区分空间，使人们认知自己所处的区域。边界具有可见性、连续性和方向性，既能起到分隔作用，也能成为两个区域间互相渗透、交流的特殊区域	国外某些地区贫民窟和富人区之间的边界	
区域：区域被边界包围，跟周边环境明显隔绝开来。区域具有主题的连续性，区域内部往往具有一些特征，如地貌、植物、建筑样式等，这些特征使人感觉"进入"了某个领域。区域内部还可再细分为子区域	北京的胡同小巷与现代城市群给人的感觉截然不同	
节点：人们往来的集中点，常常以街角、广场、交通枢纽的形式出现，人们可以在节点休息放松、与人社交。节点具有交通连接点和区域象征点（区域核心）等作用。（城市中的小镇、世界中的湾区也可视作节点）	铁路枢纽、知名海港、国际空港等	
标志物：具体而明确的目标，标志物在各方向上都容易被看到，令人印象深刻。标志物是从一大堆可能元素中挑选出来的，其关键的物质特性是具有单一性，最大特性是具有唯一性，在整个环境中令人难忘	巴黎埃菲尔铁塔	

古增城规划评估师

上述五要素在城市中并非孤立存在,而是互相交错,紧密联系,如:区域的周边被边界包围,内部被道路贯穿,节点与标志物散落在区域内部。五要素组合,既可能共同形成完整城市印象,也可能相互矛盾,让城市印象支离破碎。

以下是清代宣统年间古增城的疆域山川图,请化身城市规划评估师,运用所学知识,查找增城历史名胜等相关资料,找出古增城的城市五要素,并试着判断古增城五要素的结合效果。

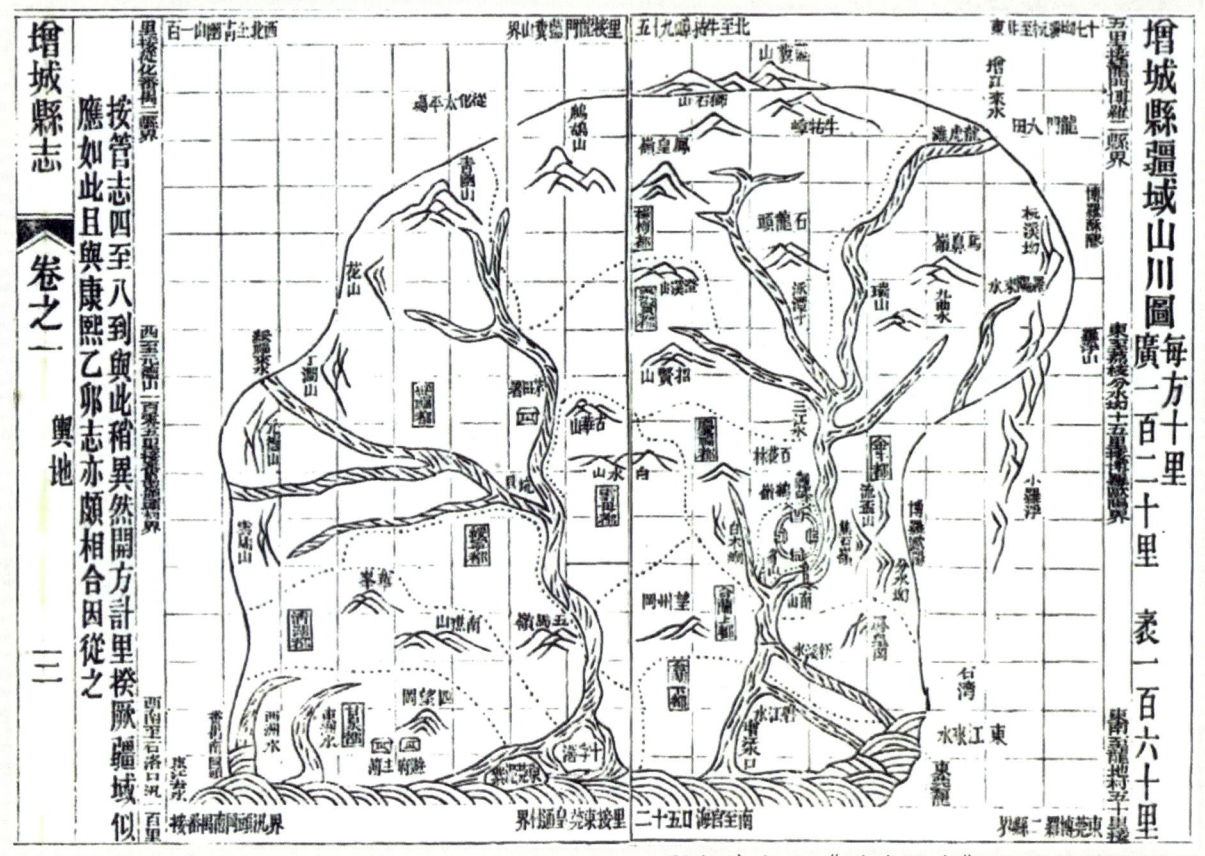

影印清宣统《增城县志》所绘辖境范围图

结合效果评估表	
道路	
边界	
区域	
节点	
标志物	
五要素结合效果	

2 广州城市中心的"前世今生"

中国古代都城的城市中心，集中表现了城市的经济、政治、文化，是城市样貌的灵魂。通过城市中心，我们能够了解一个城市演变的历史、理念、审美乃至民俗等方方面面。广州的城市中心从古至今共发生了三次重大变化，你知道城市中心为何会变化吗？当中有何玄机？

● 城市中心思维导图

请自行查找《广州府志》《广州市城市更新专项规划（2021—2035年）》等资料，了解广州城市中心的变迁史，思考影响变化的要素，并选择一种思维导图样式，将广州城市中心的变迁历程以清晰美观的思维导图呈现出来。

在此之前，请先了解思维导图的制作方法。

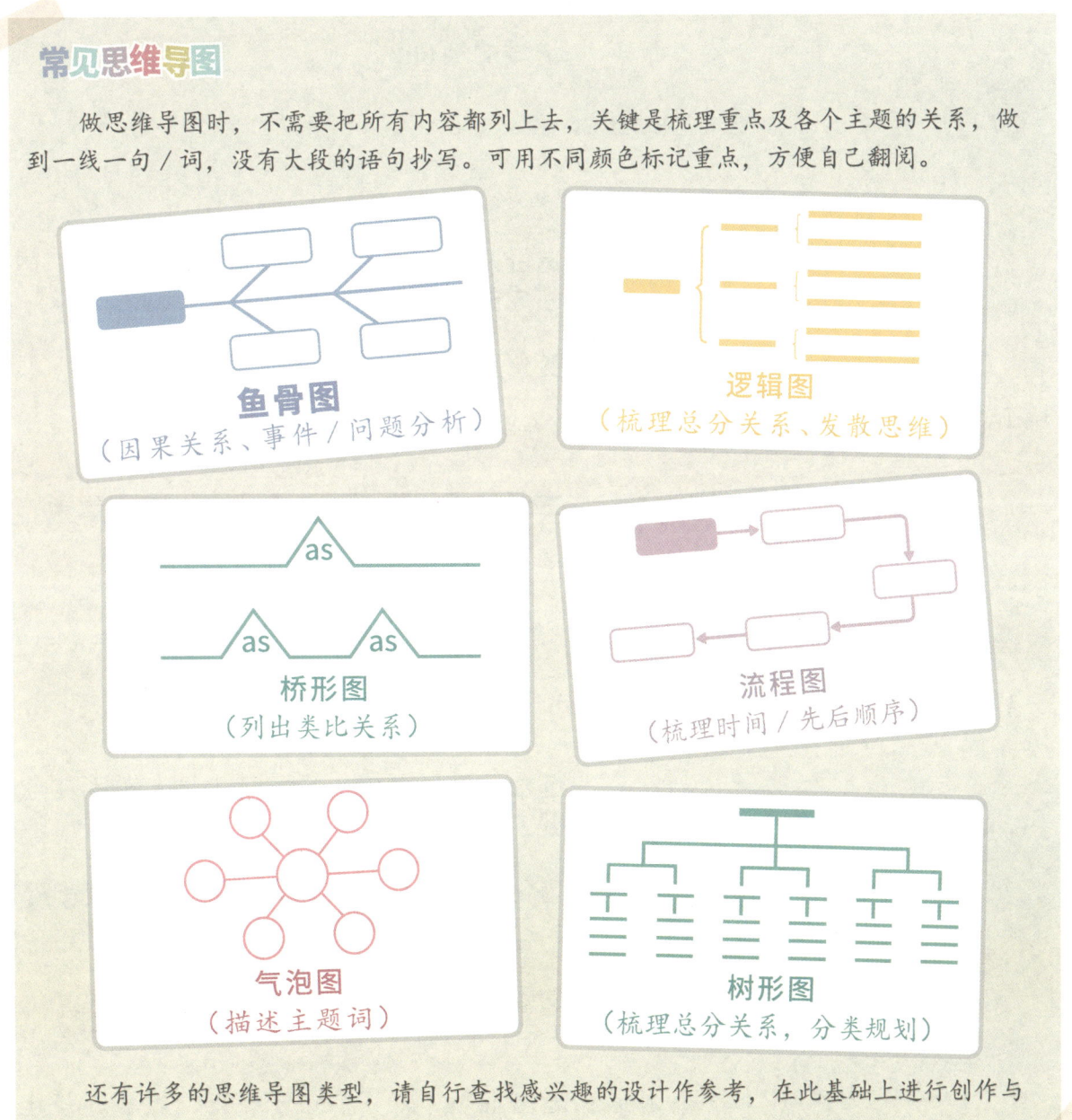

常见思维导图

做思维导图时，不需要把所有内容都列上去，关键是梳理重点及各个主题的关系，做到一线一句/词，没有大段的语句抄写。可用不同颜色标记重点，方便自己翻阅。

- 鱼骨图（因果关系、事件/问题分析）
- 逻辑图（梳理总分关系、发散思维）
- 桥形图（列出类比关系）
- 流程图（梳理时间/先后顺序）
- 气泡图（描述主题词）
- 树形图（梳理总分关系，分类规划）

还有许多的思维导图类型，请自行查找感兴趣的设计作参考，在此基础上进行创作与美化。

现在，请结合你的学习，按照一定逻辑，系统整理你找到的资料，画出自己的思维导图吧，绘制过程中带着问题意识等将有助于更好梳理逻辑（如：城市中心的走向、变迁方向？建设周期长短？新城市中心出现后，原中心是否废弃……），不要忘记使用不同颜色的笔，使画面更加美观。

例

城市中心变迁

- **古代城市中心**
  - 选址及选址要素：环市东、沙面（北京路一带），地理位置优越，文化底蕴深厚。
  - 建成原因：秦汉以来，历朝历代众多官衙机构都设在这一带，逐渐发展成为官学重地、文化中心和岭南历史最悠久的商业街区。
  - 主要地标：
  - 增城的地位：

- **现代城市中心**
  - 选址及选址要素：珠江新城、金融城、琶洲组成的"科创三巨头"。
  - 变化原因：
  - 主要地标：广州塔、海心沙、广东省博物馆
  - 增城的地位：

- **新中心**
  - 选址及选址要素：以黄埔为原点的新中心城区。
  - 变化理由：南拓东进大势进一步深化，打造锐意创新、先行先试的"未来广州"。
  - 主要地标：
  - 增城地位：知识城位于花都、增城、从化三个外围城区的几何中心，节点优势突出。

心情札记

 狂喜 开心 得意 伤心 生气 失望 震惊 平静

 年 月 日

项目进度　　计划　分工　搜集　梳理　研讨　设计　制作　测评　优化　发布

探索千里眼

1. 何为湾区经济

当前，经济、人口、文化等要素集聚湾区，湾区已成为全球经济的主要增长极。全球已形成四大湾区格局，包括纽约湾区、旧金山湾区、东京湾区和粤港澳大湾区。请试着在世界地图中圈出四大湾区的位置，并观察它们的地理区位优势（提示：注意思考地形、气候、洋流等对湾区形成的影响）。

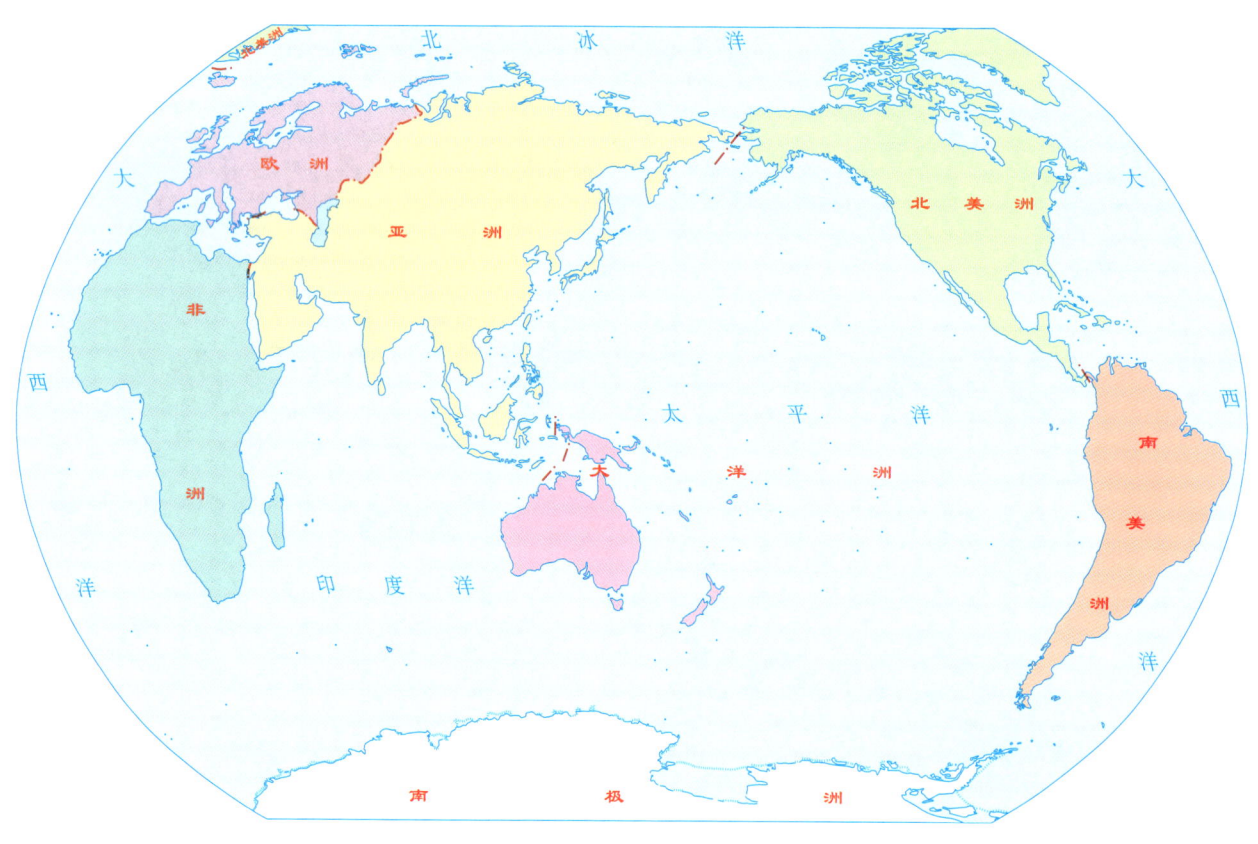

审图号：GS(2016)1566号
自然资源部 监制

- **集聚要素**

观察湾区地理位置后,你发现了什么?结合地理、历史等因素,与队员展开头脑风暴,用"气泡图"/"四气泡图"的方式,列出不少于10个影响湾区集聚的要素,并总结影响集聚要素的异同点。

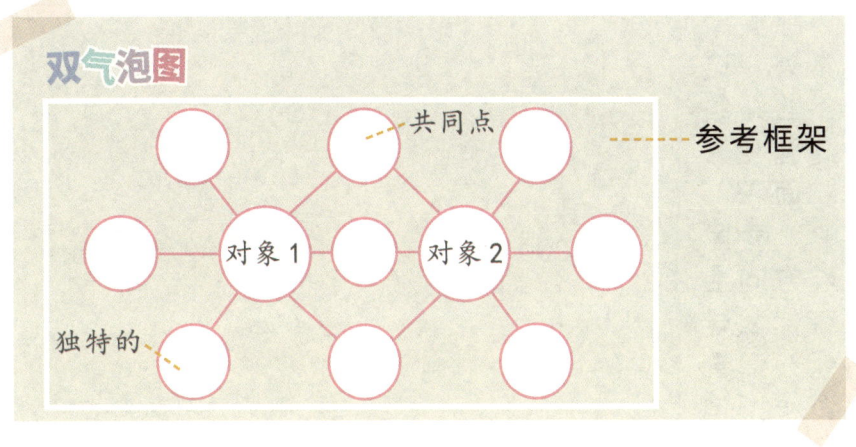

项目进度 计划 分工 搜集 梳理 研讨 设计 制作 测评 优化 发布

湾区经济大对比

除集聚因素外，这4个世界级的湾区在人口、面积、GDP、湾区发展方向上还有什么异同点？请查找资料，试着用图表（柱状图、折线图等）直观展现对比。

请以图案方式呈现不同湾区，并在图案上附上湾区最新公布年份的 GDP 数据。图案形状可尽情发挥创意。

人才是第一资源，创新是第一动力。湾区发展必须要加强人才的竞争力。湾区发展需要哪些类型的人才？各个湾区拥有的大学数量及综合实力如何？请查阅《世界大学第三方指数研究报告（2023）》等资料，查找四大湾区的竞争力得分，和世界大学第三方指数得分排名前50、前100、前200、前500及前1000名的大学数量，完成以下折线图，让大家直观感受湾区人才竞争力。

四大湾区大学数量

（纽约湾区　旧金山湾区　东京湾区　粤港澳大湾区）

● 头脑风暴

湾区需要人才。观察以上图表,你认为粤港澳大湾区如何才能脱颖而出?与其他湾区相比,粤港澳大湾区有何优势与不足(从资源、市场、科技、人才、交通等角度出发)?请采用"5C分析法"思维工具,判断条件优劣。

5 C 分析法

- 团队情况分析(company)
- 当局(controller)
- 顾客和市场分析(customer)
- 发展渠道(channel)
- 竞争对手分析(competitor)

这一思维工具可帮助我们更好理解粤港澳大湾区的战略意义。

粤港澳大湾区现有条件分析	
团队情况分析	
竞争对手分析	
顾客和市场分析	
发展渠道	
当局	

2 借鉴先进经验,建设粤港澳大湾区

● 湾区进行时

任何湾区的发展都不是一蹴而就的,需要紧跟时代,抓住机遇。粤港澳大湾区是如何一步步建设起来的?又将走向怎样的远方?

全球湾区的发展演进过程可分为4个阶段,分别对应贸易湾区、工业湾区、服务湾区和创新湾区。观察这些阶段,你能看出什么特点?

全球湾区发展的演进

港口经济	工业经济	工业经济	创新经济
自由贸易 航运、物流 **贸易湾区**	全球制造业转移临港工业 **工业湾区**	全球资源配置现代服务业 **服务湾区**	现代信息技术产业 **创新湾区**
20世纪50年代以前	20世纪50—80年代	20世纪80—90年代	20世纪90年代以后

资料来源:杜昕然《湾区经济发展的历史逻辑与未来趋势》

试着将三大湾区与粤港澳大湾区的发展历程相比较,结合湾区城市群的风貌和六大要素,参考《粤港澳大湾区发展规划纲要》《关于金融支持粤港澳大湾区建设的意见》等资料,填写粤港澳大湾区的成长记录档案。

粤港澳大湾区成长记录档案

档案记录人:

(1) 改革开放:"前店后厂"模式。

　　影响因素:

(2) 1990—1999 年:产业协同模式,提出"港深湾区""广珠澳湾区"等设想。

　　影响因素:

(3) 2000—2015 年:提出"大珠江三角洲城镇群""一湾三区"等概念。

　　影响因素:

(4) 2016—2019 年:正式提出"打造粤港澳大湾区"。

　　影响因素:

(5) 2019 年以来:发布《粤港澳大湾区发展规划纲要》。

　　影响因素:

● "大湾区的烟火气"——四格漫画

粤港澳大湾区"9+2"的城市历史如此令人沉迷。除了地域相近、山川相连,一条珠江水串起的岭南文化与浓浓人情,才是联系大湾区的深层纽带。什么最能代表大湾区的文化温度?美食、非遗、建筑,抑或是其他?请以"大湾区的烟火气"为主题,选择一个湾区城市绘制四格漫画,画出你最想向别人推介的湾区印象。

钻研透视镜

建设一座城市并非易事，除了立足产业、发展经济外，还需始终考虑生态环境保护、居民基础设施等问题。2021年，国家坚持以立德树人为根本，坚持儿童优先发展，从儿童视角出发，提出推进儿童友好城市建设。请与研究团的成员合作，尽情发挥创造力，尝试把增城区打造成一座儿童友好城市吧。

1 儿童友好城市大畅想

要把增城打造成儿童友好城市，除需具备城市规划五要素外，还要坚持从儿童视角出发思考问题，"一米高度看世界"，完善儿童友好城市的基础设施建设。

请与研究团的成员讨论并思考：在践行儿童友好上，增城已经采取了什么行动？要打造儿童友好城市，还需要配备什么基础设施？如何从增城的"千年古城"标签中打造儿童友好城市品牌？请从自己的生活体验出发，在下方构建你对儿童友好城市的畅想。

儿童友好城市

儿童友好城市是有活力的、适合居住的、有利于儿童健康成长的，儿童有权享受健康的、被保护的、受关心的、得到教育的、令人鼓舞的、没有歧视的、有文化的成长环境。

儿童友好城市大畅想

增城已有行动：_____

儿童友好基础设施：（可根据一定逻辑分类，并展开你的构想）

交通设施：万里绿道、_____

教育设施：社区教育、_____

活动设施：儿童友好空间、_____

社会交往设施：_____

2 财务预算表

建设儿童友好城市离不开投资,如何科学地分析财务预算?请化身财务分析师,查找增城区2022年财政预算执行情况和2023年财政预算草案报告,分析预算编制的原则、投入项目、投入重点领域等要素,对报告作出点评,并提出优化建议。

预算原则	
投入项目	
增城投入的重点领域	
我的点评	
优化建议	

下面,请根据增城区2023年的财政报告,制订一份详细的"儿童友好城市财务预算表",思考项目支出的分类标准,并结合你们研究团对儿童友好城市的湾区定位,联系实际,完成项目构想,并在表格下方完成支出预算的说明。

粤港澳大湾区_____项目_____年运作经费支出预算表	
项目名称	预算数(单位:万元)
教育支出	
文化旅游体育与传媒支出	
社会保障和就业支出	
请思考,还需要什么其他支出呢?	

公共预算支出说明: 一般为解释支出增长或减少的原因、投入重点领域的原因等

3 微缩城市模型

请全程运用系统思维，使用不同颜色黏土制作一座微缩城市模型，并设计出你的儿童友好城市口号，吸引更多人才来此筑巢。（注意：城市制作需符合现实比例）

我们用到的材料

材料名称	数量	材料名称	数量

儿童友好城市留影区

城市发布会

1 展示准备

班级即将举办一场"'湾'象更新——城市发布会"的主题展示活动，作为粤港澳大湾区的成员，你要如何向观众展示与分析你对粤港澳大湾区的系统理解？做好准备，分享你们研究团的研究成果与项目收获吧。

展示方式	□ PPT □视频 □舞台短剧 □其他：	
任务分工	任务	负责人
	古增城结合效果评估表	
	广州中轴线思维导图	
	大湾区四格漫画	
	湾区建设财务预算表	
	微缩儿童友好城市	

2 "湾区之光"研究团

通过调查研究，各研究团都已掌握了科学的研究方法，并结合现代文化，充分发挥了创新能力。现在，请科学、客观地对每个研究团的表现进行评分，评出你们心中的"湾区之光"研究团吧！

评估师
获奖团队

评分标准 *选出领队，商议补充其他的标准*

①评估符合现实，标准科学
②评估有理有据，清晰简洁，符合历史知识

项目进度：计划　分工　搜集　梳理　研讨　设计　制作　测评　优化　发布

思维王

评分标准
① 思维导图清晰简洁，内容扎实，对中轴线历史及沿线资源了解深刻
② 思维导图画面美观、有创意

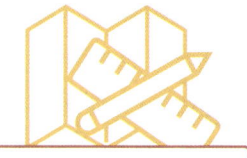

手工匠

评分标准
① 四格漫画设计美观，对大湾区城市了解详细
② 微缩儿童友好城市理念丰富，设计符合逻辑

预算人

评分标准
① 财务预算科学，可操作性强
② 问题意识明显，设计严谨

研究团

评分标准
① 有较好的文化责任感，尊重岭南文化
② 能提出良好的研究问题，带着问题意识做研究

3 分享记录

全面回顾本次项目学习经历，对自己和同学的表现作出客观评价。

学习记录卡

我通过项目学习到的内容：

我还想继续深入探讨的问题：

项目展示中，＿＿＿＿＿＿研究团的分享给我留下了深刻印象，他们值得学习的地方：

④ 研究团成长贴

根据项目学习经历，给自己与队友的表现作出客观评价，并打上星星吧。

畅想向未来

未来的湾区时代，将是一个智能化的时代。人工智能、数字赋能服务业、卫星通信、新能源、先进材料等将进一步深刻地改变我们的生活。我国如何才能实现直道冲刺、弯道超车与换道领跑，将粤港澳大湾区打造成全球智能化最高的湾区？作为未来建设大湾区的主力，请你发挥想象力，结合现实，设计一套大湾区未来吉祥物及周边衍生品，以吉祥物之眼，见证湾区腾飞。

心情札记 ＿＿年＿＿月＿＿日

狂喜 开心 得意 伤心 生气 失望 震惊 平静

设计老年友好型社区
——培养数据分析敏感度

在中国现代化不断完善与推进的大背景下，我国老龄化速度正在加速，对养老质量的要求也日益提高。第二十届中央财经委员会上提出"要实施积极应对人口老龄化国家战略，推进基本养老服务体系建设，大力发展银发经济"的重要指示和要求。随后，国家发展改革委召开推动银发经济发展座谈会，讨论交流相关产业发展情况、面临问题，并就完善政策措施提出建议。党的十八大之后，各地积极探索养老新模式，建设老年友好型社区是社区建设的重要任务之一。让我们一起走进社区，深入了解老年人的需求和社区发展现状，探索老年友好型社区的建设奥秘吧！

知识万花筒

要积极应对人口老龄化，就要完善养老的顶层设计以及基础设施建设。优化城乡养老服务供给，推动老龄事业和产业高质量发展等都是重要策略，社区作为城市的基本空间单元，建设老年友好的居住环境对提高老年群体的养老生活质量有着重要影响。老年友好型社区是一个较新的概念，让我们对其进行深入了解吧。

项目进度：计划　分工　搜集　梳理　研讨　设计　制作　测评　优化　发布

1 老年友好型社区

请团队成员借助表格对建设老年友好型社区的相关问题进行整理、分析,深化对老年友好型社区的全面认识。

分析维度	必要性
现实需要	①人口老龄化 ②老年人社会角色变化 ③在地化养老需求 ④社区老年宜居环境薄弱 ⑤国际经验
社会需求与关注	①公众对老年人福祉和健康关切度的提高 ②社会关注老年人权益保护
经济发展、社会进步	老年人群体作为一个庞大的消费市场,其对于养老、医疗、文化娱乐等领域的需求将带动相关产业的发展
自选维度	

2 老年友好型社区特质

请大家根据老年友好型社区的设计需求完善评估工具表,以评促建,推动老年友好型社区的建设。

评估维度	评估细则
安全的交通系统	①全区人车分流,局部风雨连廊设计,尽可能提供全天候出行条件 ②照明与标识系统老龄友好化 ③
友好的社交环境	①多元交流空间 ②设置各类老龄友好化座椅 ③
适度适老的居住空间	①玄关、起居室、卧室、厨房、卫生间等高频使用空间设计适老化,保障长者居住安全舒心 ②
社会文化环境	①设置老年活动会所、适老化的健身房、咖啡馆、茶馆等休闲锻炼场所,鼓励老年人参与交流 ②鼓励老年人积极参与老年大学、兴趣活动 ③
其他	

探索千里眼

研究表明,在步入晚年后,老年人的生理以及心理会产生一系列的变化。因此,老年友好型社区的建设需要汇集老年群体的意见,以养老空间为基础,融入养生、康乐等功能,使社区真正适老化,不仅成为集中的居住空间形态,更完善为社群体系下的微缩社会共治。让我们走进社区,倾听老年人群体的声音,了解老年人群体的真正需求。

1 计划与分工

在开展调研之前,我们需要做好充足的准备,做好计划与安排,带着问题开展调研、发现问题、找到解决问题的思路。

研究主题			
调研问题	①		
	②		
	③		
研究方法	□文献研究法　□问卷调查法　□访谈法　□实地考察法		
研究项目进度计划与管理			
主要阶段	时间安排	项目研究内容	人员分工

项目进度：计划　分工　搜集　梳理　研讨　设计　制作　测评　优化　发布

2 评估框架我来建

走进社区进行访谈调研，我们需要尝试设计一份关于老年友好社区评估指标体系表。

Ⅰ级指标	Ⅱ级指标	评价标准描述	重要性	备注
城市物理环境	排除安全隐患	对独居、空巢、失能（含失智）、重残、计划生育特殊的老年人家庭，通过电话访问、入户排查、上门维修等方式，对家庭用水、用电和用气等设施进行安全检查或入户排查，对老化或损坏的及时改造维修，排除安全隐患		
	社区防火和紧急救援网络	社区有应对火灾等突发公共事件的应急预案，有进行防火和紧急救援的人员队伍和应急工作网络，配备防火和紧急救援设施设备，如微型消防站、应急救援亭、灭火器、紧急呼叫器、监控视频、急救箱等		
社会文化环境	社区生态环境建设	对社区进行绿化、美化、环境卫生整治等相关活动，营造卫生清洁、空气清新的社区环境		
健康、社会环境与服务	生活垃圾日产日清	社区内生活垃圾及时清扫，日产日清，社区内无卫生死角、无暴露积存垃圾		
	老年人住房实施适老化改造	通过市场化运作、政府资助等方式，对社区老年人家庭实施住房适老化改造，对空间布局、地面、扶手、厨房设备、厕所洗浴设备、紧急呼叫设备等进行适老化改造和维修，降低老年人的生活风险		

3 社区老年友好性我来评

真正了解一个社区的老年友好性，我们需要收集相关资料与数据、借助评估指标框架对社区的适老性展开评估。若让你开展社区老年友好程度评估，你会怎么做呢？

① 确定评估社区

调研主题：
调研时间：
社区地点：
选择理由：

② 数据收集

被访谈者		性别		年龄	
访谈者		访谈时间		访谈地点	

❓ 问题①
　　访谈内容

❓ 问题②
　　访谈内容

❓ 问题③
　　访谈内容

❓

项目进度　计划　分工　搜集　梳理　研讨　设计　制作　测评　优化　发布

续上表

访谈过程记录

可以使用图片、文字等形式记录

访谈小结与反思

问题设计	
访谈技巧	
现场互动	

心情札记

 狂喜 开心 得意 伤心 生气 失望 震惊 平静  ___ ___ ___ 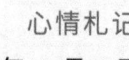 ___年___月___日

续上表

③ 数据整理与呈现

为了更好地管理调研收集到的数据，我们可以采用主题分析法对搜集到的数据进行审核、分组、汇总与呈现，使数据清晰明了，减少因为数据混乱而引起的错误，确保数据的准确性和可靠性。

主题分析法指的就是对搜集到的文本内容进行归纳整理，提炼出一些主题、子主题和编码。主题是对调研核心问题的提炼；子主题是对主题的具体化；编码是访谈对象对子主题的回答以及对文本内容进行描述。

主题	子主题	编　码
居住环境	社区生态环境建设	我希望社区能够种植一些草木，美化环境。（被访谈者1）
	生活垃圾日产日清	

④ 评估结果与问题呈现

怎样才能更清晰、直观地呈现研究成果呢？请选择合适的方式呈现你们的调研成果。

核心观点	
一级观点	
论据支持	

钻研透视镜

虽然当今物质、这经济条件不断改善,但选择独居的老年人仍会出现不同的心理健康问题,这已成为社会各界关注的重点议题。请团队成员对社区内的老人群体进行调研,探索老年友好的居住环境对老年人心理健康产生的影响。

1 设置问卷（提示：可以根据中国老年社会追踪调查"CLASS"来设置问卷）

基础信息	性别　　　　　　　　　　　　年龄 居住类型　□单独居住　□与配偶共同居住　□与子女共同居住　□其他
居住环境评估	对目前所居住的地点的满意度： □非常不满意　□不太满意　□难以判断　□比较满意　□非常满意 住所安全性评估： □非常不安全　□不太满意　□难以判断　□比较安全　□非常安全 住所便利性评估： □非常不便利　□不太便利　□难以判断　□比较便利　□非常便利 所住社区或街区附近是否有一些基础设施,如医疗机构、超市、公交车站等： □没有　　　　□有
社会交往	您所居住小区内邻里之间的关系： □非常不亲密　□不太亲密　□难以判断　□比较亲密　□非常亲密 与住区内及附近居民交流频率（借东西、相约锻炼等）： □很低　　　□较低　　　□难以判断　　　□较高　　　□很高
心理健康测评	积极心理情况： 感到充满活力,精力充沛；每天的生活充满了有趣的事情； 消极心理情况： 感觉孤独；觉得活下去没有意思；

2 寻找调研对象

（1）确定调研对象的方法：便利抽样、推荐抽样……

（2）请你思考如何邀请老人填写问卷、回答访谈问题；如果遇到拒绝，你们有没有好的对策？

_____

_____

_____

3 分析数据

请研究团的成员对收集来的数据进行统计分析。

4 得出结论

_____

_____

学研成果分享会

1 展示准备

班级即将举办一场"老年友好社区发布会"的主题展示活动，你要如何向观众展示你的研究成果？做好准备，请你与研究团的成员一起整理好相关材料，分享你们团队的研究成果和项目收获吧！

展示方式	□ PPT　　□视频　　□舞台短剧　　□其他：	
任务分工	任务	负责人
	老年友好型社区必要性分析	
	老年友好型社区特质评估	
	社区老年友好性评估	
	居住环境与老年人心理健康的关系调查	

2 "老年友好"社区研究团

通过调查研究，各研究团都已掌握了科学的研究方法。大家结合现实情况、政策等，充分发挥分析能力，完成调研任务。现在，请科学、客观地对每个研究团的表现进行评分，评出你们心中最佳的社区研究团吧！

分析师

获奖团队

评分标准　选出领队，商议补充其他的标准

①分析维度多样，划分标准科学且符合现实
②对必要性的阐述条理清晰，用词简洁

评分标准

① 评估标准科学，结合实际
② 评估有理有据，清晰简洁

评估师

评分标准

① 展示形式新颖
② 展示时大方自信、具有情感，语音语调吸引听众
③ 成果与反思汇报具有建设性

展示团

评分标准

① 数据分析方法科学
② 数据分析准确、细致

数据分析团

评分标准

① 团队提出高质量调研成果
② 团队成员之间具有良好的合作和沟通能力
③ 团队成员具备良好的决策能力和问题解决能力

调研团

3 分享记录

全面回顾本次项目学习经历，对自己和同学的表现作出客观评价。

学习记录卡

我通过项目学习到的内容：_____

我还想继续深入探讨的问题：_____

项目展示中，_____ 研究团的分享给我留下了深刻印象，他们值得学习的地方：_____

项目进度： 计划 — 分工 — 搜集 — 梳理 — 研讨 — 设计 — 制作 — 测评 — 优化 — 发布

4 研究团成长贴

根据项目学习经历，给自己与队友的表现作出客观评价，并打上星星吧。

人文精神	合作精神	探究能力	批判思维	沟通交流
☆☆☆☆☆	☆☆☆☆☆	☆☆☆☆☆	☆☆☆☆☆	☆☆☆☆☆
个人自评 我关心关爱老人，客观回应老年人的需求，尊重老年群体的想法，努力推动老龄友好社区领域的发展	个人自评 我能服从分工并积极协助团队成员	个人自评 我能用多种方式进行研究主题探究	个人自评 我能客观地看待团队合作及团队反馈	个人自评 我能选择合适的沟通方式与团队成员交流
☆☆☆☆☆ 最佳队友	☆☆☆☆☆ 最佳队友	☆☆☆☆☆ 最佳队友	☆☆☆☆☆ 最佳队友	☆☆☆☆☆ 最佳队友

未来世界我来创

在"原居安老"理念的主导下，社区老年友好环境营造的重要性愈发凸显，但目前不少社区中仍存在对老年人不友好的设计。除了受到经济投入的限制之外，还有多种因素干扰，请你结合社区的实际，向社区居委会提交一份老龄友好社区建议方案，助力打造老年友好型社区。

关于建设老年友好型社区的建议书

尊敬的 _____ 社区居委会：

项目进度　计划　分工　搜集　梳理　研讨　设计　制作　测评　优化　发布

擦亮增城金招牌
——特色产品助农直播

随着5G技术的发展,电子信息技术、科技技术、经济、文化都在加速发展,"互联网+"的形式逐渐与农业结合。有科技以及互联网的助力,助农事业搭上了时代的便车,为更多地区的农民提供了新的销售途径,拓宽了销售道路,提升了农民整体的收入。接下来,就让我们一起走进特色助农直播间,探索助农的新业态、新发展。

知识万花筒

网络直播的实时性、交互性和沉浸性,从根本上改变了以传统文字、图像等静态媒介为主的信息传播方式,向用户展现了真实和生动的现场场景。许多人善用网络直播的特点,成为令人羡慕的"网红"。让我们一起解密"网红"之道吧。

❶ 走进直播间

体验一两种不同类型的直播,感受并记录不同直播的特点,更直观地感受各个类型直播的相同与不同之处。在直播结束后请你和你的研究团成员分享观看直播的感受。

直播形式	教育直播	电商直播
内容	①直播主题： ②知识性： ③	
特点		①主播面前摆放着商品； ②会弹出商品购买链接； ③
感受	主播的专业知识： 讲解风格：	
亮点		

2 电商直播的岗位

直播团队并不只是指主播一个人，还有运营、中控、投手等。一场优秀的直播是一个团队共同努力的结果。请你和你的研究团队成员查找资料，运用气泡图的方法将电子商务直播涉及的工作岗位罗列出来：

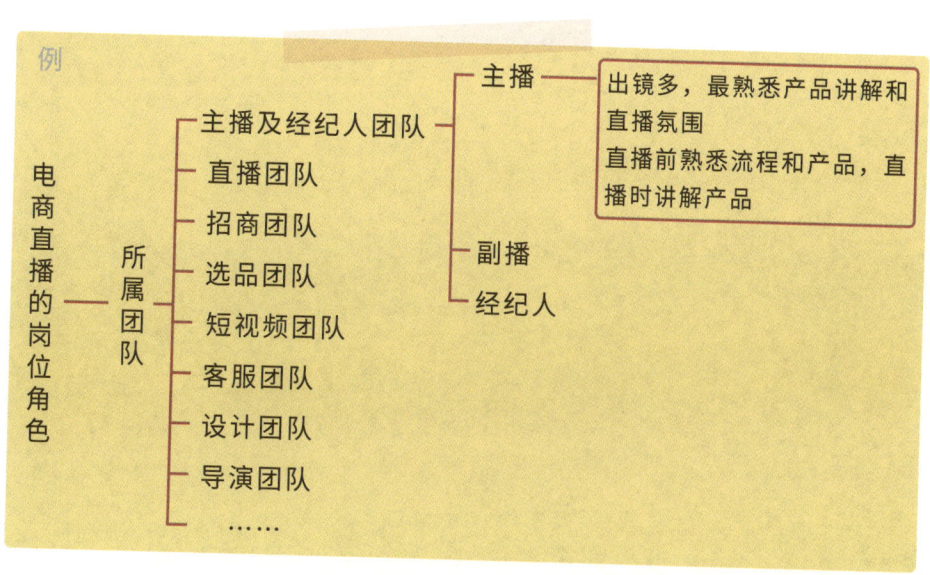

心情札记　　　年　月　日

 狂喜 开心 得意 伤心 生气 失望 震惊 平静

3 电商直播流程

电商直播主要是向消费者展示产品，激活消费者购买意愿。因此，电商直播前的宣传、直播中的吸引观众、直播后的数据监测都极为重要。如果你的团队需要策划一场增城特色农产品的助农直播，请你和你的团队成员进行头脑风暴，设计一份直播策略流程图。

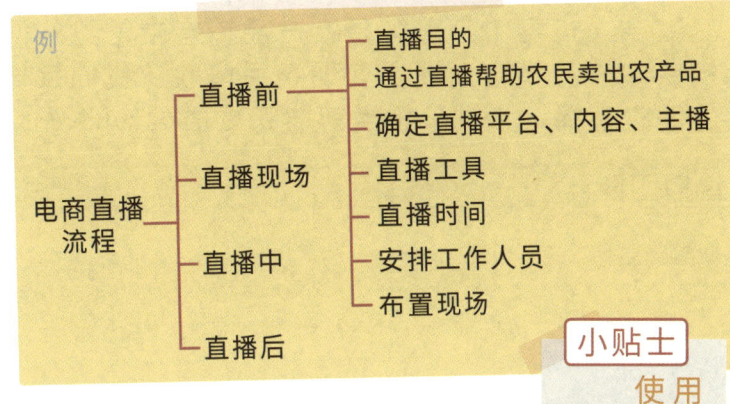

小贴士

使用曼陀罗九宫格流程图呈现

4 从电商直播到助农直播

滞销、供需不平衡等是农产品销售中常见的问题。如今许多团队都尝试帮助农民解决农产品销售问题，实现农民增收。我们尝试了解农产品、水产品、加工农产品的助农直播，尝试分析当前助农直播模式的特征，为团队未来的工作积累经验。

直播团队	优点	缺点	优化建议
农产品			
水产品			
加工农产品			

探索千里眼

1 做好直播前的准备

直播之前，作为团队首先要去了解清楚市场的需求，弄明白消费者到底想要什么产品，再根据目前可以选择的产品进行对接，以确保产品可以顺利销售并获得目标收入。

市场调研

随着用户消费需求的提升,传统购物模式已经显示了相对局限性。请你利用调查问卷初步了解在直播中购买农产品的消费者对于消费商品的需求,摸清楚消费者的消费立场。

调查问卷设置	
调查问卷名称	
标题	
开头语	说明调查主题与目的
基本信息	如受访者姓名、年龄、地区等
具体问题	由学生设计

信息获取

根据调查问卷,使用数据分析工具分析可获取信息:

根据调查问卷，归纳消费者的购物需求并形成报告，为后续的实地调研作准备。

调查报告

■ 导语

　　消费者对农产品的消费方向与购买习惯，对助农直播选品与优惠设置等都有重要的意义。通过本报告初步归纳梳理消费者对于购买农产品的喜好、习惯、需求与消费立场。

■ 调查方式

■ 调查分析和对策

■ 总结

　　通过对上述信息的归纳分析，我们得出的结论是：

2 如何辩证看待直播

直播带货能够帮助农民更好地售卖农产品是美好的设想。但是直播未必能获得观众，观众也未必促成消费。当团队进行了仔细调研、选品后，却发现直播间只有寥寥数人观看，此时该怎么办呢？请你跟你的研究团成员尝试采访一名售卖农产品的主播，了解这位主播的直播经历，更深刻地了解网络直播。

采访内容

姓名	
采访时间	进入直播行业时间
主要销售的商品	

? 直播过程中遇到的困难

? 解决方式

? 当没有人看直播时会怎么做

? 坚持直播的动力

? 对未来直播行业的期望

? 研究团成员反思

钻研透视镜

1 走进增城农业世界

清脆爽口的迟菜心、清新香甜的荔枝蜜、甘甜可口的雾柑……提起增城的农产品，相信大家都耳熟能详。现在就请大家去查找资料，了解增城的特色农产品，完成农产品初步调研表格吧。

编号	名称	上市月份	保鲜存储情况	运输方式	平均销售价
①	增城迟菜心		冷藏可保鲜七天	无须冷藏，快递运输	____ 元/斤
②					
③					
④					
⑤					

2 认识选品

在电商直播中，选品是重要环节之一。选品要考虑多方面的因素进行整体考量，最后选出商品化程度最高的农产品，放入平台进行销售，才能给直播带货带来更大的优势。右图是影响农产品商业化的因素，请你和你的研究团成员在实地考察的过程中，结合以上的因素，从多方面了解所调查的机构是如何进行选品的，记录机构的选品情况以及选品要点。

影响农产品商品化的因素：
- 农产品的自身特色
- 运输便捷程度以及保险情况
- 农产品价格
- 产量、销量
- 政策支持力度

直播助农选品记录

选品1：荔枝蜜

（1）选品理由：
　　①供应链端：
　　　　·产能稳定（增城荔枝产能大，能稳定提供原材料）。
　　　　·增城荔枝产业发展完善，拥有较为成熟的荔枝蜜制作技术。
　　　　·增城荔枝蜜因为地方特色明显，向来享有美誉。
　　②运输端：
　　　　·灌装技术成熟。
　　　　·灌装后能较长时间保存。
　　　　·对于运输的要求不高，仅需常温打包运输。
　　③销售端：
　　　　·荔枝蜜美容养颜，能够精准捕捉消费者需求。
　　　　·荔枝蜜清甜可口，老少咸宜，受众广。

（2）帮助解决的农产品痛点：
　　①增城荔枝常常产量过多，难以长时间保鲜存放。
　　②新鲜荔枝不易进行运输，运输到远的地方需要冷链支撑。

选品2：

选品3：

③ 归纳选品公式

选品公式是每个直播团队必备的工作信息之一,请你根据前面的信息,总结归纳出你认为实际可行的选品公式。

团队选品公式

④ 构建"农业+"产业链

在市场上,农产品会受时令与气候影响,会受到保鲜期短的制约,仅仅依靠售卖新鲜农产品是无法获得较大盈利的。农产品深加工之后的一系列产业链是增加农民收入的一大途径。增城当地有许多著名的优质农产品,助农直播能够一定程度上促进销售,但是依然会存在大量受采摘时间、时令、运输等方面因素影响而无法完全售卖的农产品。这时就需要建构起一条完整的产业链,对农产品进行深加工,减少浪费,增加农民收入。

请你与你的研究团成员就实地调研的某一项农产品的产业链进行调查研究,整理出这类农产品完整的产业链。若还未有形成完整的产业链,请你与你的研究团成员共同探索,为其制定可行的产业链路径。

例:荔枝	产业链
生产端	鲜荔枝
餐饮零售端	荔枝干、荔枝酒、荔枝果汁、荔枝燕窝、荔枝果酱、荔枝红茶、荔枝醋、荔枝酥
生活用品	荔枝护肤品、荔枝口红
文创	荔枝IP、荔枝钥匙扣、荔枝水杯
旅游	体验摘荔枝

直播发布会

学校开展模拟直播助农小达人大赛,每个团队需要在学校模拟直播间义卖,义卖产品为增城特色农产品。请你和你的研究团成员共同选取合适的模拟直播的农产品,做好模拟直播的准备工作。

1 撰写直播脚本

一份清晰、详细、可执行的直播脚本是直播顺利进行并且取得良好效果的有力保证。一份好的直播脚本能够提高直播筹备工作的效率、帮助主播梳理直播流程、控制直播预算。请你和你的研究团成员共同讨论你们助农直播所需要的直播脚本和简单的直播台词本吧。

直播脚本

直播主题	
直播时间	年　月　日　时：分
直播目标	
直播主题	
直播人员	主播：　　　副播：　　　场控： 中控：　　　客服：　　　助理：

直播流程

时间	流程	内容	目的	主播	副播（助理）	其他人员	备注
17:15—17:30	开场暖场	问候 + 介绍直播主题 + 福利	拉新 拉停留	开场 + 问候 + 互动	回复问题 + 辅助主播	检测后台数据 + 推送粉丝 + 直播间维护 + 回复信息	欢迎新进直播间的人员,吸引观众停留

项目进度：计划　分工　搜集　梳理　研讨　设计　制作　测评　优化　**发布**

续上表

时间	流程	内容	目的	主播	副播（助理）	其他人员	备注

心情札记

 狂喜 开心 得意 伤心 生气 失望 震惊 平静   ___年___月___日

直播台词本	
开场话术	①大家好，欢迎来到我的直播间！在这里，我将给大家带来最为新鲜美味的××，同时也会给予机会参与抽奖，会有额外的产品赠送！ ②_____ _____ _____
互动	①看到大家对直播间的××很感兴趣，不知道你们有没有吃过这类食物呢？你们感觉怎么样？ ②_____ _____ _____
痛点话术	①我们平时在线下商店买××，虽然可以简单尝一两个，但是我们也不能确保它全部都是甜的对不对？而且你买回去了也不可能再退了，但是在主播直播间买的××完全不用担心，主播告诉你，非常甜！不甜包退货。 ②_____ _____ _____
介绍产品	①作为增城的特色农产品，××可以给亲朋好友送礼，或者平时与朋友聚会时拿出来招待朋友，展现你对亲朋好友的热情。 ②_____ _____ _____

2 模拟助农直播

请团队成员根据前面学习的知识与调研结果，就选定的农产品，模拟开展一场助农直播。在这场模拟直播中，全校的同学都是观众。请你们准备好直播需要的物资，与其他团队比赛，体验直播的过程、经历与感受。

贴上你拍的影像，留下直播记忆吧

3 总结汇报

请在直播结束后与研究团的成员进行总结与反思，并且制作汇报PPT向其他研究团展示你们模拟助农直播的成果以及经验教训。

- 展示方式　☐PPT　☐视频　☐模拟直播　☐展览　☐其他：

主要任务	承担者	参与者
整合模拟直播义卖的全部材料		
撰写模拟直播义卖总结		
制作模拟直播义卖的成果视频		
制作总结汇报的PPT		
汇报模拟直播成果		

心情札记

狂喜 开心 得意 伤心 生气 失望 震惊 平静

___年___月___日

最佳助农直播团队

通过调查研究与实践体验，各团队都已完成项目挑战。现在，请科学、客观地对每个团队的表现进行分类与综合评价吧！

直播团
获奖团队

评分标准 *选出领队，商议补充其他的标准*
① 对直播的类型、岗位、流程等较为熟悉
② 各成员各司其职，直播流程顺畅

思维团

评分标准
① 思维导图制作清晰明了，重点突出
② 调研报告结果真实，富有逻辑

展示团

评分标准
① PPT制作精美，重点突出
② 展示时大方自信，语音语调吸引听众

调研团

评分标准
① 调研数据真实可信，调研报告撰写规范
② 对选品的市场分析贴合实际情况

领导者

评分标准
① 对招商引资的流程、规则熟悉
② 对选品的分析准确到位

5 总结与记录

全面回顾本次项目学习经历，对自己和同学的表现作出客观评价。

学习记录卡

我通过项目学习到的内容：_____

我还想继续深入探讨的问题：_____

项目展示中，_____ 研究团的分享给我留下了深刻印象，他们值得学习的地方：

6 研究团成长贴

根据项目学习经历，给自己与队友的表现作出客观评价，并打上星星吧。

未来世界我来创

直播带货是一种"直播+电商"的带货形式。如果此时你有"时光机"穿越到李白、苏轼、湛若水的时代,请你用那个时代的特色文体撰写文稿,看看能否打动这些历史名人购买你的产品?

直播带货古文版

项目进度　计划　分工　搜集　梳理　研讨　设计　制作　测评　优化　发布

太空种子的秘密
——未来科学家培养计划

2021年，搭乘过嫦娥五号的"太空稻种"安家增城，在增城撒下了航空育种的种子。你知道为什么科学家要送种子上太空吗？航天育种都要做什么实验？成为科学家需要具备什么基本素养？让我们一起从"太空种子"出发，试着完成一篇科研论文，迈出成为未来科学家的第一步。

知识万花筒

掌握基本研究方法，阅读文献，撰写科学论文，都是科学家们的必修课。让我们从太空种子着手，学习如何成为科学家吧。

1 "国之大者"——粮食安全

确保14亿多人口的粮食安全是中国式现代化进程中的头等大事。从当初4亿人吃不饱，到如今14亿人吃得好，你知道我们依靠的是什么吗？航天育种对端稳"中国饭碗"有什么重要意义？

请查找资料，对照图片，认识我国4种主要粮食作物及主要产地、年产量，粮食生物技术等内容。

粮食作物名称				
图片				
主要产地				
我国2023年产量				
粮食生物技术	基因工程、细胞工程、分子标记辅助育种			
生物技术运用利弊				

2 航天育种大解密

我国人均耕地面积小，粮食保障问题尤其重要。太空育种可借助太空特殊环境——微重力、弱地磁、强辐射、高真空、超低温等极端条件，诱使种子基因变异，在短时间内培育出高产、高质量的优质种源，有力保障我们的粮食安全。

1987年，我国第九颗返回式科学卫星首次搭载水稻、番茄、青椒等农作物种子成功发射。36年以来，我国航天育种技术已有了很大进步，请查找网上资料，试着完成从2013年到2023年这十年间的"航天育种时空长河"项目资料填报，深入了解我国航天育种搭载的种子种类、育种技术的变化。

2023
神舟十六、十七号飞船

（自填航天项目）

2022
神舟十四、十五号飞船

辣椒、海棠、夏枯草、苍山贝母种子等

小麦、高粱、黄瓜、樱桃、苜蓿、紫薇、兰花、毛竹、青蒿、丹参、羊肚菌、香菇、乳杆菌种子等

2013
神舟十号飞船

2016
神舟十一号飞船

（自填航天项目）

2021
神舟十二、十三号飞船

3 确认研究选题

研究选题是科学研究中的关键步骤，具有重要的意义。它可以帮助我们确定研究方向、聚焦实际问题、激发研究兴趣并培养研究能力。根据前面了解到的内容，与团队成员探讨，围绕"太空种子"，确认你们的研究选题吧！

注意思考：我的研究选题是基于什么问题展开的？研究领域目前有什么空白？这个选题为何是有意义的？与组员讨论，开展"质疑"活动——发现问题、提出质疑、讨论释疑，从而确定选题。

我们的"质疑"过程 ▶	疑问 ▶	释疑 ▶	我们研究选题

4 文献综述

一篇好的论文要从好的文献综述做起。什么是"太空种子"？"太空种子"与一般植物种子相比有什么特点？我国目前航天育种水平如何？哪些问题有待解决？这些都是文献综述要解决的问题。你还能想到什么新问题？你们的文献综述要分成几部分？到文献中去找答案，并和研究团的成员完成你们独特的文献综述吧。

文献综述

文献综述是通过搜集并大量阅读所定研究课题相关文献资料，了解选题的研究现状（包括主要学术观点、前人研究成果和水平、争论焦点、存在的问题及可能的原因）、新技术、发展前景等内容，进行综合分析和归纳整理，并提出自己的见解和研究思路的一种文体。

关于 _____主题_____ 的文献综述

撰写人：

一、研究背景和研究意义

这部分需明确研究问题，查找已有政策文件、学术文献等资料，从多层面（国家／社会／个人；现实／理论；宏观／微观等层面）了解研究背景，并简要分析研究主题的重要性与必要性。

二、国内外研究现状（_____到_____字）

这部分是文献综述的主体，需先大量查找、阅读与主题相关的文献资料（10～30篇），并集中研读与主题相关性高、有参考价值的5～10篇文献，概括主要观点、研究手段、结论等，梳理国内外研究的发展脉络（注意文献发表时间的选择范围）。注意：这部分必须要按照一定的逻辑分析、撰写，避免照抄文献。

三、文献评述（_____到_____字）

这部分主要是对国内外研究现状进行分析评述，找出文献中的优点、存在的矛盾与不足等，以指出自己对该课题的研究意见、今后可能的研究课题、发展方向及本研究的价值等。（可打印粘贴或手写）

续上表

四、参考文献

为了反映文章的科学性、严谨性,体现作者严谨治学的态度,在文后必须如实列出文章涉及、引用的参考文献。(请自己探究:参考文献的格式是什么?常见文献种类的字母标识有哪些?)

探索千里眼

确定了研究选题，完成文献综述后，我们便完成了论文的前期工作。接下来，我们还需要进一步掌握研究方法，开展科学研究，为撰写论文奠定实践基础。什么样的种子才会被科学家们选出来？太空种子是什么样子的？航空育种需要几步才能培育出优质种子？让我们一起走近"太空种子"，在实践中获取知识。

1 认识研究基本要素

定性研究和定量研究是社会科学领域中两种基本的研究方法，它们各有优劣，适用于不同类型的问题和情境。在接下来的实践中，可根据实际场景，与研究团的成员商讨，恰当运用两种研究方法。

定性研究

定性研究也称为质化研究，通常采用访问、观察、案例研究等方法，收集非结构化的、原始的数据。强调使用归纳法对数据深入分析，发掘问题、理解事件现象，从而深入理解研究对象的特性，并进一步探讨其产生的原因。

定量研究

定量研究则是一种基于数据和统计分析的研究方法。这种方法通常用于验证假设或对问题进行更精确的测量分析。定量研究通常采用调查、实验、问卷调查等方法来收集数据，使用统计分析等手段来描述和解释数据。

信度和效度是研究设计中非常重要的两个方面，它们影响了研究结果的可靠性和有效性。在研究过程中，要注意保证研究的信度与效度。

信度

信度（reliability）是指研究的稳定性和可靠性。信度主要通过重复实验、交叉验证、使用标准化的测量工具、保持一致的实验条件等来实现。

效度

效度（validity）是指研究结果的真实性和准确性。在研究设计中，效度则主要通过确保选择样本的代表性、避免偏见和主观偏见、多种方法验证（问卷调查和实际观察等）来实现。

2 神奇植株知多少

掌握研究方法后，让我们开始真正走进航天育种吧。当前，我们送上太空的种子可分为粮食作物种子、牧草种子、花卉种子、蔬果种子等，你对哪些种子的太空变异最感兴趣？请挑选两种不同种类的种子，查找图片资料，试着把普通种子的植株和变异后的太空植株画出来，直观表现二者差异。

例：普通南瓜 VS 太空超级大南瓜

3 太空种子显微镜

只有种子基因发生变异,才算完成成为"太空种子"的第一步。但种子经过太空旅行后,研究人员是怎么区分它们是否发生变异的?领取普通种子与太空种子,试着在老师指导下制作种子玻片,观察它们在显微镜下的区别,并拍摄照片贴在你的研究记录表上,在表格上填写你们团队的观察。

	普通_____种子	太空_____种子
我们制作的玻片照片		
显微镜下的种子照片		

核径迹板

核径迹板是一个"三明治式"的夹板结构,位于中间部分的是种子,两边是核乳胶的材料,一旦有宇宙粒子击中种子,就会在核径迹板上留下一个亮点,在光学显微镜下可以明显观察出来。

项目进度　计划　分工　搜集　梳理　研讨　设计　制作　测评　优化　发布

4 走进航天育种基地

对于种子而言，上太空完成基因变异只是第一步，要下地还要经历更复杂的工序。下面，请带上调研表，走进华南农业大学增城教学科研基地的试验田/广州航新种子谷，认识太空种子，跟着科研人员完成种子播种的各项环节，并采访相关人员，了解种子从品质审查到下地的一系列过程，为你们的科学论文积累素材。

● 一起来育种

种子的播种有什么流程？请根据专业人员指导，试着完成培土、育苗、移栽、浇水、施肥、除草、驱虫以及果实采摘等一系列流程。请注意在学习中多问"为什么"，熟悉种子发芽所需的环境，掌握基本的栽培技术，并观察植物的生长规律，完成实践记录表。

育种实践记录表

我们研究团观察的植物		研究团分工	操作人员
			记录人员

	需要工具	具体操作	注意事项
步骤① 培土			土壤温度稳定在 15～18℃时适宜播种。播种时，要确保种子均匀分布在土壤中，深度适宜；
步骤② 育苗			选择合适的育苗基质和容器；
步骤③ ?			
步骤④ ?			
步骤⑤ ?			

● **太空种子的品质审查**

种子从选拔上太空,到返回地球,都要经过科研人员多代筛选、实验并多次培育,才能具备下地的基本素质。科研人员是靠什么进行品质审查的呢?筛选的标准是什么?在太空中如何让种子开花?在培育时会运用什么技术?你还能想到什么其他问题,请撰写一份采访提纲,试着邀请基地人员接受采访,获取一手资料,整理的访谈稿可作为论文撰写的重要证据,还可作为附录放在论文结尾,增强研究的可信度。

采访提纲	
受访者	
采访人	

小贴士

采访问题的顺序要注重逻辑,可按照时间顺序,从易到难,从形象到抽象。

? 您好!首先想请问您,太空种子是怎么被你们选拔出来的呢?品质审查的标准是什么?

? 挑选出来的种子上到太空后,科研人员还会对他们做什么?中间会做什么实验吗?

?

?

?

访谈记录

> **小贴士**
> 访谈时要注意照顾采访对象意愿,做到尊重、礼貌。

可手写或打印粘贴

通过访谈,我得出太空种子的品质审查标准有:遗传性稳定、_____
_____;太空种子的培育方向是:抗倒伏、
_____。

我还得到了这些有价值的回答:_____
_____
_____。

● 种子文化课堂

　　这次动手实践的经历,是否让你联想到不少与种子、耕种等有关的古诗词呢?试着把想到的诗词都写出来,并配上图案,尽情发挥创意,制作一份独一无二的种子书签吧。

我们想到的诗词:

① 足蒸暑土气,背灼炎天光,力尽不知热,但惜夏日长。
　　　　　　　　　　　——白居易《观刈麦》

② 时雨及芒种,四野皆插秧。家家麦饭美,处处菱歌长。
　　　　　　　　　　　——陆游《时雨》

③ _____

④ _____

⑤ _____

《归园田居》
种豆南山下,草盛豆苗稀。
晨兴理荒秽,带月荷锄归。
——陶渊明

书签粘贴区

项目进度　计划　分工　搜集　梳理　研讨　设计　制作　测评　优化　发布

钻研透视镜

太空种子要下地，可能会经历哪些自然灾害？要实现农业现代化高质量发展，科学家们掌握了哪些技术来规避灾害带来的风险，从而保证太空种子的顺利成长？继续深入探索，体会"给农业现代化插上科技翅膀"的魅力。

1　一颗种子的下地之旅

请思考种子下地后，会经历哪些种类的自然灾害，可能会造成什么损失？制作一份思维导图，用可视化的方式形象说明。

2　前沿农创的魅力

要规避这些种子成长过程中的各种自然灾害，你知道科学家们都掌握了什么技术吗？试着对照你们思维导图中列出的灾害，参观育种基地，进一步寻找问题的答案。

影响农作物生长的因素	前沿农创技术	试着举例说明
土壤条件限制	无土栽培	
水利条件限制		
气象灾害	气象卫星：风云系列	
霉变、烂种		

3　提出新的科研问题

在论文的最后，通常需要提出新的科研问题，对未来研究提出展望。在了解航天育种的故事后，你认为航天育种的未来研究方向在哪里？试着根据所学尽情畅想。

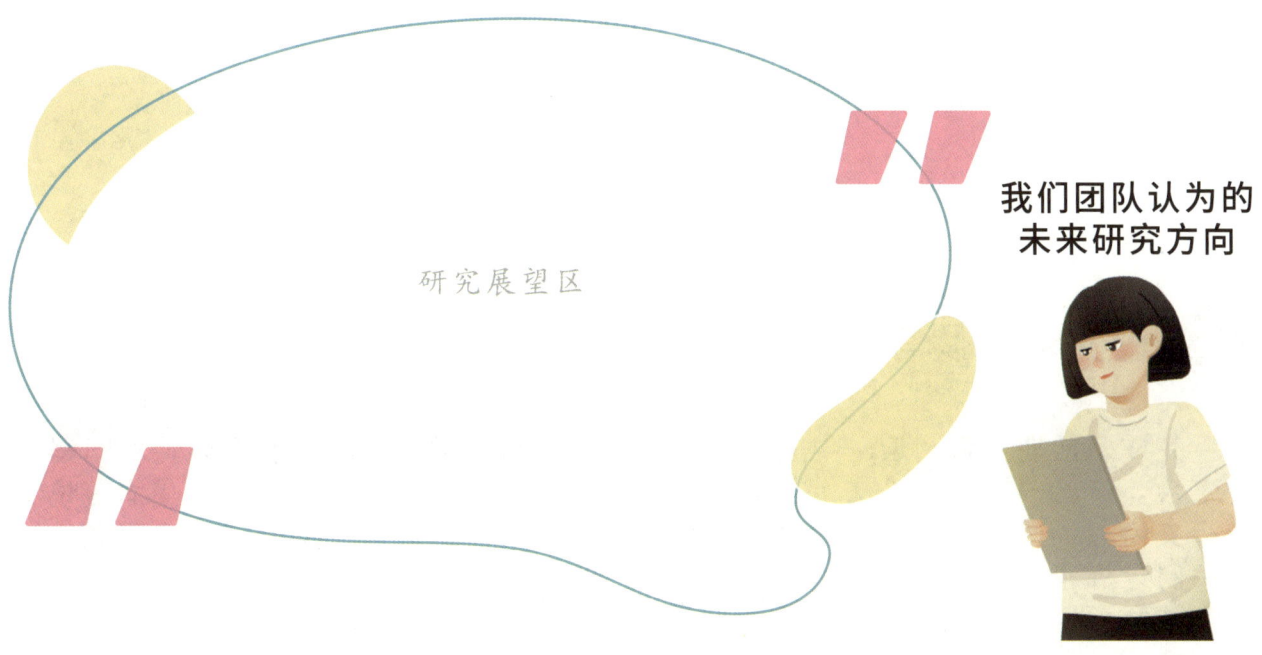

研究展望区

我们团队认为的未来研究方向

除此之外，你还可以挑选一些感兴趣的研究方向，继续深入探索。下面表格中你最感兴趣的主题是哪个？将所学的研究步骤迁移到新的研究问题上，完成信息搜集、分析及推理，尝试初步回答拓展问题。

舌尖上的太空种子	航天育种已经走上餐桌，你知道哪些优质的太空种子品牌吗？他们的产销量如何？
多品种航天育种	除主要粮食作物外，牧草、中药、花卉等种子的航天育种发展历程如何？未来发展方向是怎样的？
火星太空大比拼	"在火星种土豆"与航天育种的侧重点分别是什么？各有什么优劣？
自定主题	自定核心问题

我们提出的问题：

我们的回答：

4 论文正式撰写

完成了前期文献阅读、中期实践调研及后期科研展望后，我们需要将材料科学地整合，产出一篇科研论文。在这之前，请先重新阅读之前的文献材料，体会论文的行文特点，适当"仿写"优秀论文，再自行列出大纲及论文分论点，用研究结论及案例分析等方法论证分论点及总论点，得出总结论，并说明研究的局限性。

注意：可恰当运用图案、表格及所学的思维工具辅助撰写论文。

论文题目

撰写人：

摘要（150～300字）：

关键词（3～5个）：

论文总论点（1个）：

论文分论点（2～3个）及论据：

① 分论点：

论据：

> 图案、表格、案例等，要能支撑分论点

② 分论点：

项目进度：计划　分工　搜集　梳理　研讨　设计　制作　测评　优化　发布

续上表

论据：

研究结论（150～300字）：

再次总结论文总论点，并指出研究不足与局限性，展开研究展望。

狂喜　开心　得意　伤心　生气　失望　震惊　平静

心情札记

___年___月___日

科研成果答辩会

1 展示准备

班级即将举办一场以"太空种子"为主题的科研答辩会,请在结束调研后,与研究团的成员认真整理你们的论文成果,商量分工,准备汇报论文的方式,向其他研究团展示你们的研究成果及经验教训,并准备回答其他研究团提出的问题。

展示方式	☐ PPT ☐ 视频 ☐ 其他:	
任务分工	任务	负责人
	文献综述介绍	
	手绘神奇植物图	
	论文主要观点及内容介绍	
	研究结论(展望及局限)介绍	
	种子诗词书签	

2 最佳论文研究团

通过调查研究,各研究团都已掌握科学的研究方法,完成了一篇科研论文。现在,请科学、客观地对每个研究团的表现进行评价,评出你们心中的最佳论文研究团吧!

科研团
获奖团队

评分标准 *选出领队,商议补充其他的标准*

① 熟悉论文撰写的各项流程,完成度良好
② 论文观点明确,逻辑清晰
③ 合理运用科研方法,论文信度、效度良好

项目进度 计划 分工 搜集 梳理 研讨 设计 制作 测评 优化 发布

评分标准

① 思维导图制作清晰明了，重点突出
② 论文提出的问题有价值，逻辑性与思考性较强
③ 论文重点突出，详略得当

思维团

评分标准

① PPT制作精美，重点突出
② 展示大方自信、语音语调吸引听众
③ 展示内容丰富，无知识性错误，具备创新性

展示团

评分标准

① 采访提纲符合实际情况，具备逻辑性
② 熟练掌握播种种子流程
③ 调研数据、访谈内容真实可信，具有实际价值

调研团

评分标准

① 种子书签选用古诗词贴合度高，选取面较广
② 书签设计精美，色彩搭配和谐

设计团

3 分享记录

全面回顾本次项目学习经历，对自己和同学的表现作出客观评价。

学习记录卡

我通过项目学习到的内容：_____
我还想继续深入探讨的问题：_____
　　项目展示中，_____研究团的分享给我留下了深刻印象，他们值得学习的地方：_____

研究团成长贴

根据太空种子项目学习经历,给自己与队友的表现作出客观评价,并打上星星。

合作精神	创新思维	批判思考	沟通交流	学术诚信
☆☆☆☆☆	☆☆☆☆☆	☆☆☆☆☆	☆☆☆☆☆	☆☆☆☆☆
个人自评 我能服从分工并积极协助团队成员,共同解决问题	**个人自评** 我能开拓思路,找到太空育种的新的科研问题,不拘泥于传统,尝试新方法,提出新的观点	**个人自评** 我能保持质疑与思考,分析科研问题及结论的可行性,不断深入提出问题、解决问题	**个人自评** 我能选择合适的交流方式与采访对象有效交流,并获取有用信息	**个人自评** 我能自觉遵守学术道德,抵制剽窃、造假等学术不端行为,保证科研的可信度
最佳队友	最佳队友	最佳队友	最佳队友	最佳队友

畅想向未来

2021年第四次修订后的《中华人民共和国种子法》的贯彻实施,有力推进了我国的种业振兴,为推进农业强国建设奠定了坚实基础。但针对当前执法情况,我国种业距离实现种业科技自立自强、种源自主可控仍有一定差距。

请查找各省关于种子法实施情况的最新报告、种子法的历次修订重点,针对当前存在的短板弱项,结合我国立法的三大基本原则,为执法改进及法律修订提出合理建议,并思考加强种子法的普法教育的途径。

> 小案例:农业农村部公布了一个涉及种子法的案例——湖南省长沙市某种业公司侵犯植物新品种权案
>
> 2021年9月,湖南省长沙市某种业公司涉嫌在绥宁县境内非法利用某公司授权品种杂交水稻恢复系R900为父本生产水稻种子。行政执法人员现场勘验并抽样送检,认定长沙市某种业公司生产的水稻种子与杂交水稻恢复系R900属于同一品种。经立案查明,当事人未经品种权人授权,在绥宁县境内生产该水稻种子421亩,总计3.3万公斤,货值金额62.7万元。依据《中华人民共和国种子法》(2021年修订)第二十八条、第七十三条第五款,农业农村水利局对当事人作出没收涉案种子,并处罚款188.1万元的行政处罚。

项目进度:计划 分工 搜集 梳理 研讨 设计 制作 测评 优化 **发布**

素养导向的应元项目式学习课程

? 你从前面案例中学到了什么种子法的知识？为何种子法如此规定？

我国的立法原则

符合宪法和法制统一原则、民主立法原则、科学立法原则。

▶ 经过多重探究，我们的建议是：

▶ 加强种子法普法教育的途径：

实践篇

我做增城代言人——社会调研实录

岭南底蕴　君子若水
——探访增城的岭南先贤

岭南古蕴，千年增城。要留住增城的根与魂，就必须传承、活化好增城的历史文脉。作为增城的一分子，你了解增城的深厚文化底蕴吗？你知道那些曾照亮岭南文化、造福岭南的增城南粤先贤吗？这些先贤如何从增城成长并走出去？他们的影响力又如何扩散而与岭南文化互相成就？让我们打开这扇增城历史与岭南文化的窗，一起认识增城先贤崔与之、湛若水，感悟先贤风骨，体会他们与岭南文化乃至中华文明的密切联系。

溯古追光：增城先贤知多少？

提起增城先贤，崔与之和湛若水是其中最璀璨的两颗明珠。若以岭南讲古师的身份，向更多人生动地宣传先贤事迹，你会如何撰写稿件并完成讲古表演呢？想完成一场高质量的讲古，了解先贤生平是必不可少的功夫。请查阅文献并筛选重要信息，从多角度认识先贤，为创作系列岭南名儒谈治学讲古录打下基础。

❶ 先贤易拉宝

请根据你从文献资料获得的信息，为两位先贤设计一幅美观、有创意的易拉宝吧！基本信息需简洁明确，条理清晰，重点突出。
（注意：请在易拉宝旁边注明资料出处，养成良好的科研意识。）

项目进度　计划　分工　搜集　梳理　研讨　设计　制作　测评　优化　发布

姓名：湛若水

生活朝代：＿＿＿＿＿＿

字：＿＿＿＿＿＿ 号：＿＿＿＿＿＿

谥号：＿＿＿＿＿＿

参考资料：

＿＿＿＿＿＿＿＿＿＿＿＿＿＿＿＿＿＿＿＿＿＿＿

＿＿＿＿＿＿＿＿＿＿＿＿＿＿＿＿＿＿＿＿＿＿＿

＿＿＿＿＿＿＿＿＿＿＿＿＿＿＿＿＿＿＿＿＿＿＿

＿＿＿＿＿＿＿＿＿＿＿＿＿＿＿＿＿＿＿＿＿＿＿

＿＿＿＿＿＿＿＿＿＿＿＿＿＿＿＿＿＿＿＿＿＿＿

姓名：崔与之

生活朝代：＿＿＿＿＿＿

字：＿＿＿＿＿＿ 号：＿＿＿＿＿＿

谥号：＿＿＿＿＿＿

参考资料：

＿＿＿＿＿＿＿＿＿＿＿＿＿＿＿＿＿＿＿＿＿＿＿

＿＿＿＿＿＿＿＿＿＿＿＿＿＿＿＿＿＿＿＿＿＿＿

＿＿＿＿＿＿＿＿＿＿＿＿＿＿＿＿＿＿＿＿＿＿＿

＿＿＿＿＿＿＿＿＿＿＿＿＿＿＿＿＿＿＿＿＿＿＿

＿＿＿＿＿＿＿＿＿＿＿＿＿＿＿＿＿＿＿＿＿＿＿

         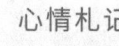

狂喜　开心　得意　伤心　生气　失望　震惊　平静

心情札记

＿＿年＿＿月＿＿日

岭南底蕴　君子若水——探访增城的岭南先贤

② 名人地图册

查阅文献，在下方绘图区试画出崔与之和湛若水各自生活时代的国家版图，在图中圈出他们活动城市的对应位置，并将活动路线用箭头连接起来。若能找到与先贤交游的历史名人，也可在地图上标注出他们的朋友圈。同时，整理两位先贤在不同地方留下的事迹，填入绘图区下方的表格中。

（注意：查阅文献后记得注明资料出处，养成良好的科研意识）

小贴士

如何快速获取文献信息呢？注意带着问题去找答案，注重精读与略读，并在地图上将信息直观展现出来。

崔与之人生地图

扬州 ○

杭州 ○

广州 ○

序号	地方	年龄	事迹
1	增城		
2	杭州		
3	广西		
4	扬州		
5	四川		
6	广州		

项目进度　计划　分工　搜集　梳理　研讨　设计　制作　测评　优化　发布

湛若水人生地图

○ 南京

○ 广州

安南国

序号	地方	年龄	事　迹
1	增城		
2	广州		
3	江门		
4	南京、北京		
5	安南国（今越南）		
6	南京		
7	广东		

完成地图所用到的参考资料：

3 翰墨存风骨

了解先贤的生平后，你最喜欢这两位先贤存世文字中的哪一句/段呢？请用自己最美的字体摘抄下来，再有感情地朗读三遍，试着自己理解其中所表达的情感/内涵，并尝试把这段话推荐给你的团队成员。

佳词妙句：_____

释义：_____

_____

我来翻译：_____

我喜欢的理由：_____

项目进度 计划 分工 搜集 梳理 研讨 设计 制作 测评 优化 发布

4 增城讲古台

讲古,是南粤一种具有鲜明地域特色的说唱艺术。讲古艺人运用大量民间俗语、谚语等生活化语言,对故事加工再创作并演绎传唱。讲古故事中包含着南粤地区丰富的历史文化信息,是岭南文化得以传承传播的重要手段。

请结合所获信息,选择一位先贤的事迹,自选主题,与研究团的成员共同撰写"岭南名儒谈治学讲古录"文稿,并投票选出一位/几位研究团成员登上讲古台进行3分钟表演。

岭南名儒谈治学讲古录

讲古开场白:原文再续,书接上一回……/……

先贤引入:话说……/……(可先介绍先贤基本信息,并引起读者兴趣)

先贤故事:……(可从学历、就业经历、地域等维度入手,选取一个切口,介绍个人故事,挖掘故事价值,注意需重点突出,简洁诙谐,始终吸引读者注意)

讲古结束语:……欲知后事如何,且听下回分解。

岭南底蕴　君子若水——探访增城的岭南先贤

妙话岭南：设计岭南先贤剧本杀

为了进一步"点亮"先贤文化，研究团将实地考察增城中与先贤有关的场馆，学习考察方法，从中获取一手及多手史料，理解历史事实，认识历史真相；并从中寻找相关素材，学习剧本杀设计技巧，设计一个简单的实景剧本杀，以潮流文化娱乐的方式盘活先贤景区资源，解读先贤密码。

1 问题清单

在前面文献学习的基础上，你还想进一步了解两位先贤的什么事情？请列出问题清单，并带着问题去实地考察，从而发现问题的答案，或从实地考察中印证之前所获得的信息。

对崔与之的提问

问题清单

你想进一步了解两位先贤的哪些事情？
及时记录你在调研过程中所学、所感、所悟。

对湛若水的提问

项目进度　计划　分工　搜集　梳理　研讨　设计　制作　测评　优化　发布

现在，请带着问题清单，以科学的态度实地考察场馆，边看边记录，填写考察记录表，并思索如何能更好挖掘场馆资源，设计出精彩的实景剧本杀。

2 实地考察场景一：崔与之与清献园（新镇坑贝村）

考察记录表					
考察时间		考察地点		考察人	
考察目标	解决问题、印证信息、获取信息设计剧本杀。				
考察情况记录	场馆布局如何安排实景剧本杀路线	如：清献园由"清风庭""立献厅""菊坡园"组成。			
	考察过程	标明序号，于何地"做什么"			
	考察发现：看到什么、听到什么、想到什么（新问题、新灵感）	如：细看场景资源，这些实体资源能够被利用：菊坡亭石碑上写的字、毛主席题写崔与之作品——《水调歌头·题剑阁》的屏风等			
		如：观看场馆内的史料，思考剧本杀要传达的立意，感悟崔与之精神的精髓，崔与之的家训，清风亭与立献厅中记载的崔与之的事迹			
仍未解决的问题					

3 实地考察场景二：湛若水与甘泉文化遗迹

考察记录表				
考察时间		考察地点		考察人	
考察目标	解决问题、印证信息、获取信息设计剧本杀。			
考察情况记录	遗迹概况	该墓在全省的明墓中属于规模大、板筑精工的典型，且保存较完整。		
	考察过程	标明序号，于何地"做什么"		
	考察发现：看到什么、听到什么、想到什么（新问题、新灵感）	如：细看场景资源，湛若水手书石头、莲花石座等这些实体资源能够被利用		
		如：观看场馆内的史料，思考剧本杀要传达的立意，感悟湛若水墓碑上的"山斗八座真儒千载"的篆刻墓铭等的甘泉文化		
仍未解决的问题					

项目进度　计划　分工　搜集　梳理　研讨　设计　制作　测评　优化　发布

4 七步设计剧本杀

实地考察后,相信你对于先贤文化有了更深的了解,为设计剧本杀打下了坚实的基础。接下来请为你的剧本杀设计一个故事背景,明确故事任务,构思精彩的剧情。

案情卷宗

请根据文献资料与实地考察所得的设计案情卷宗,交代故事背景与主要任务:
【时间】(人物发生的时代背景是什么?故事是否有穿越、架空等设计?)
【地点】(选择进行剧本杀的地点,该地点的历史信息要足够支撑剧本杀)
【故事背景及任务】(交代角色设定,设定一个能让玩家有代入感的故事背景及任务,推动玩家进行沉浸式调查。思考:剧本的立意是什么?要在剧本中传达先贤的什么精神?)

如:你们是考古系的实习生,听说附近有明代大儒湛若水的墓葬出土,被一股神秘力量吸引,你们不约而同地前往该地试图考察,却被困甘泉秘境。想要离开秘境,回到原来的世界,就要仔细寻找线索,找出甘泉秘境的秘密。

接着，请确定参与剧本的角色数量，并明确角色的具体身份与人物关系（明线/暗线）。（思考：故事主人公是谁？角色设定如何与先贤建立联系？角色之间的关系又是什么？提示：每个人物身上要有2～3条关系线。不同的人物可以对应不同的探索主题。）

> 小贴士
> （1）人物故事如何设计——"麦基三角"：大情节、小情节、反情节
> （2）人物时间线如何设计——线性时间、非线性时间

人物关系图

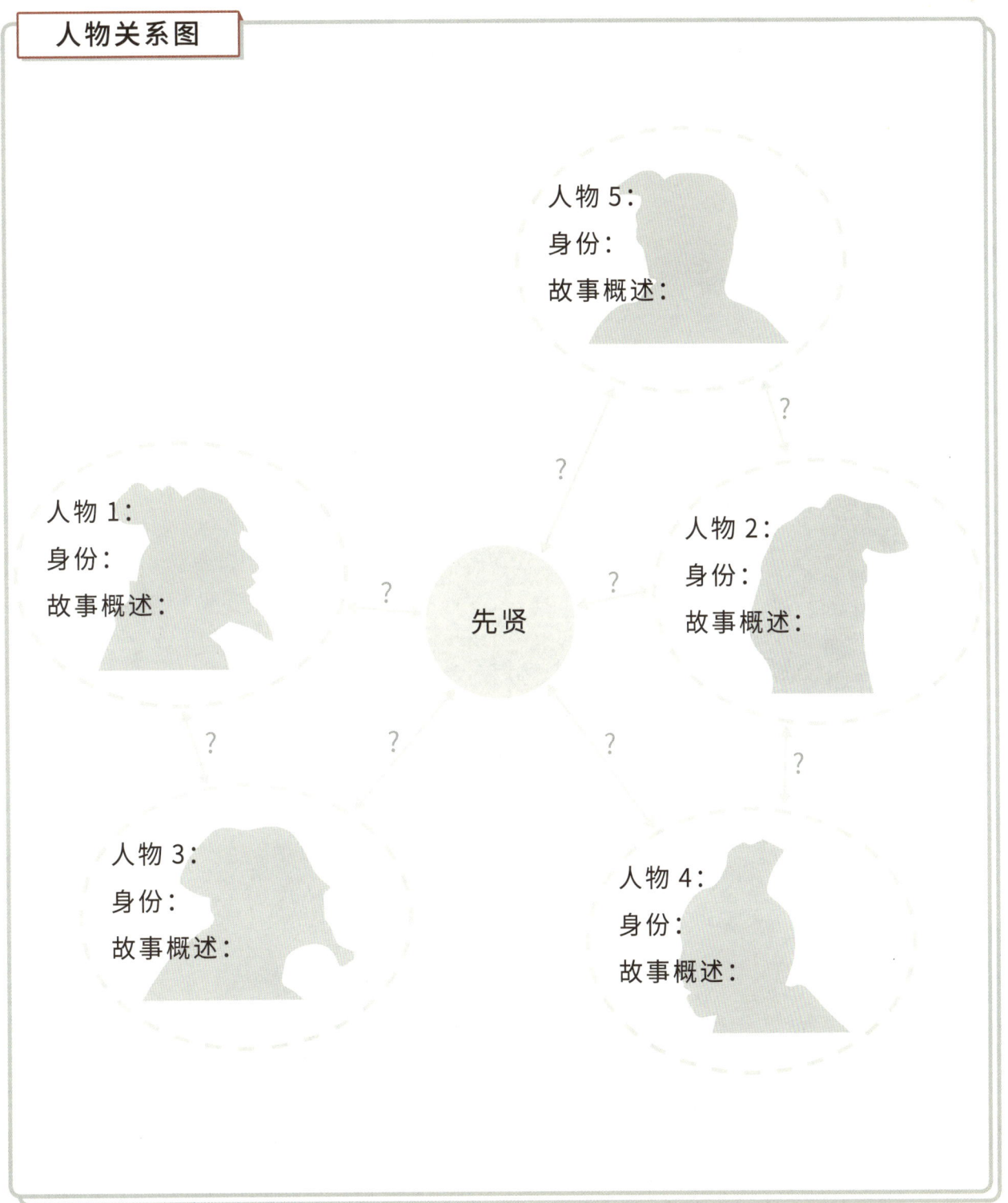

最后，请进行剧本最重要的构思——任务、剧本行动路线与线索谜题设计。这一步直接影响了剧本杀的体验感，请与团队成员进行头脑风暴，让剧本更好玩、更有意义。

项目进度：计划　分工　搜集　梳理　研讨　设计　制作　测评　优化　发布

	任务1:	任务2:	任务3:
任务设计 如何推动玩家推理进度，集中玩家注意力？子任务是什么？			
剧本行动路线 如何设计行动路线，能最大程度让玩家走遍实景？	行动地点：	行动地点：	行动地点：
线索与谜题设计 实景里哪些资料能被直接利用为线索？用什么谜题来提示线索更好？辨认古墓字迹、用拆字法和输入法找密码、运用学科知识设题等，都是很好的谜题设计方法。	线索： 谜题：	线索： 谜题：	线索： 谜题：

心情札记

____年 ____月 ____日

岭南底蕴　君子若水——探访增城的岭南先贤

妙话南粤：岭南文化显微镜

作为南粤先贤，崔与之和湛若水不仅对增城的发展作出了突出贡献，也极大影响了古代广东的地方建设。先贤的成功与时代的环境因素密不可分，了解两位先贤的故事后，你还对与他们人生故事相关的什么主题有兴趣？试着挑选感兴趣的研究方向，继续深入探索，揭开古代封建社会的面纱呢。

1 选择方向：你最钟爱的主题是哪一个呢？

人才选拔　先贤是如何通过选拔入仕的？由宋至明的人才选拔方式及体系有何异同？为什么官员必须不停流动呢？他们职位的升降是由什么决定的？

古代交通　先贤一生走过许多地方，在没有高铁、飞机等交通工具的古代，他们是如何实现迁徙的？古代官员通常使用什么交通方式？路况如何？通常需要在交通上花多长时间呢？

文化发展　先贤对文化发展作出了突出贡献。湛若水的心学体系是如何构建的？你了解心学在宋明两代发展的轨迹吗？崔与之的词学成就如何？你知道岭南的词派与诗派吗？

地区开发　你了解古代广东/增城的开发历史吗？广东的经济、教育、文化什么时候发展起来的？岭南开发的关键因素是什么？与地形、气候、历朝行政中心迁移、人口迁徙等有何关系？

自定主题

项目进度　计划　分工　搜集　梳理　研讨　设计　制作　测评　优化　发布

2 拟定研究问题及计划

核心问题	① ② ③
研究方法	□文献研究法　　□问卷调查法　　□访谈法　　□实地考察法
研究项目进度计划与管理	选定研究主题和核心问题，确定研究方法　→　__月__日－__月__日　　　　　__月__日－__月__日 整理分析采集的信息资料　→　得出主要研究结论 __月__日－__月__日　　　　　__月__日－__月__日

3 研究可视化

根据研究计划表，详细调研与主题相关的各个面向，并按照一定的逻辑，用表格、思维导图或其他可视的方式展示数据与信息。通过研究信息的可视化，用科学知识和逻辑思维进行充分推理。

> **注意**
> （1）分析资料来源的可靠性，比较并筛选得出可用资料；
> （2）同时，反复自问并与组员讨论推理的局限性，提出探究中存在的问题，严谨地得出研究结论。

图表

研究结论：
_____
_____
_____

项目进度　计划　分工　搜集　梳理　研讨　设计　制作　测评　优化　发布

4 研究报告

一份好的研究报告需要提出问题、作出假设，再以相关思维工具或分析模型排列信息，严谨分析，最后得出结论，同时要说明局限性，回应反思。

思维工具参考

SWOT 分析法：
态势分析，清晰列出优势（strength）、劣势（weakness）、机会（opportunity）与威胁（threat）。

PEST 分析法：
宏观环境分析，可从政治（political）、经济（economic）、社会（social）和科技（technological）四方面进行思考。

报告大纲区

岭南文化大观园

班级即将举办一场"岭南文化大观园"主题展示活动,你们将如何向观众展示与分析你的发现呢?请做好准备,分享你们团队的研究成果与项目收获吧。

1 展示准备

展示方式	□PPT　□视频　□舞台短剧　□讲古　□其他:	
任务分工	任务	负责人
	硬笔书法展示	
	讲古表演	
	剧本杀讲解及演示	
	调查报告分享及展望	

2 岭南文化最佳研究团

通过调查研究,各个岭南文化研究团都已掌握了科学的研究方法,并结合现代文化,充分发挥了创新能力。作为大观园的一分子,请科学、客观地对每个文化研究团的表现进行评分,评出你们心中最佳的岭南文化研究团吧!

最具"先贤"范
获奖团队

评分标准　选出领队,商议补充其他的标准

①易拉宝设计美观,重点突出
②自我介绍逻辑清晰,基础知识扎实
③设计及自我介绍有亮点、有创意

商议补充其他的标准

最热剧本杀

评分标准
① 剧本主题鲜明，创意十足
② 剧本调研扎实，对场景、资源调动充足
③ 剧本技巧丰富、富有逻辑，情节能打动人

最秀解说团

评分标准
① 组员分工合理，合作良好
② 解说配合恰当，表达流畅
③ 解说幽默风趣，时间把握良好

最强考察团

评分标准
① 考察方法科学多样
② 能运用一定的思维工具
③ 考察过程科学，结论严谨

最佳文化团

评分标准
① 有较好的文化责任感，尊重岭南文化
② 能提出良好的研究问题，带着问题意识做研究
③ 掌握科学的研究方法，研究态度认真

3 总结与记录

全面回顾本次项目学习经历，对自己和同学的表现作出客观评价。

学习记录卡

我通过项目学习到的内容：

　　我还想继续深入探讨的问题：

　　项目展示中，＿＿＿＿＿＿＿研究团的分享给我留下了深刻印象，他们值得学习的地方：

4 研究团成长贴

根据项目学习经历，给自己与队友的表现作出客观评价，并打上星星吧。

合作精神	探究能力	批判思维	沟通交流	文化自信
个人自评：我能服从分工并积极协助团队成员	个人自评：我能用多种方式进行研究主题探究	个人自评：我能客观地看待岭南先贤和历史发展	个人自评：我能根据观众选择合适的内容展现方式	个人自评：能理解并认同岭南文化的精神与价值
最佳队友	最佳队友	最佳队友	最佳队友	最佳队友

未来世界我来创

我们是在先贤文化影响下成长起来的一代人，也是传承岭南文化的主力军。我们如何进一步发展增城先贤与岭南文化的影响力呢？目前，增城尚未建成湛若水纪念馆，若你是主设计师，你将如何结合时下流行的数字技术，融入未来元素，将湛若水的文化遗产转化为数字光影艺术呢？请借助"设计五步法"，思考观众需求，在下方大胆提出你的想法。

设计五步法

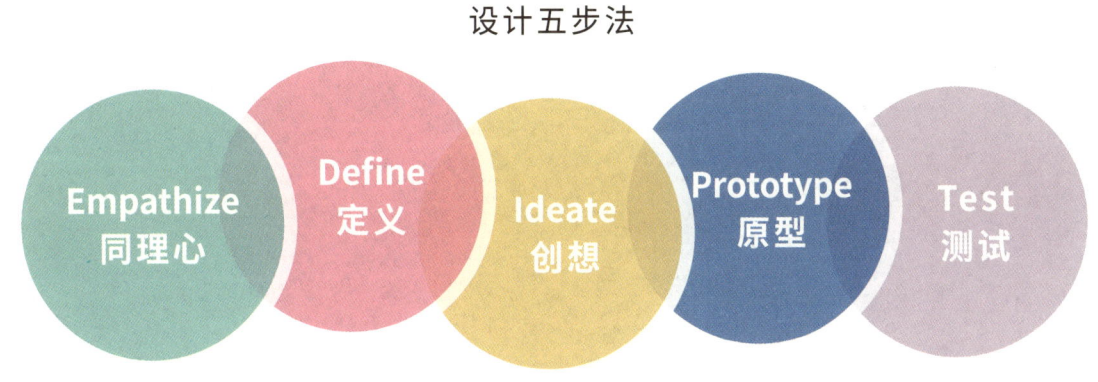

Empathize 同理心 — Define 定义 — Ideate 创想 — Prototype 原型 — Test 测试

狂喜 开心 得意 伤心 生气 失望 震惊 平静

心情札记

___年___月___日

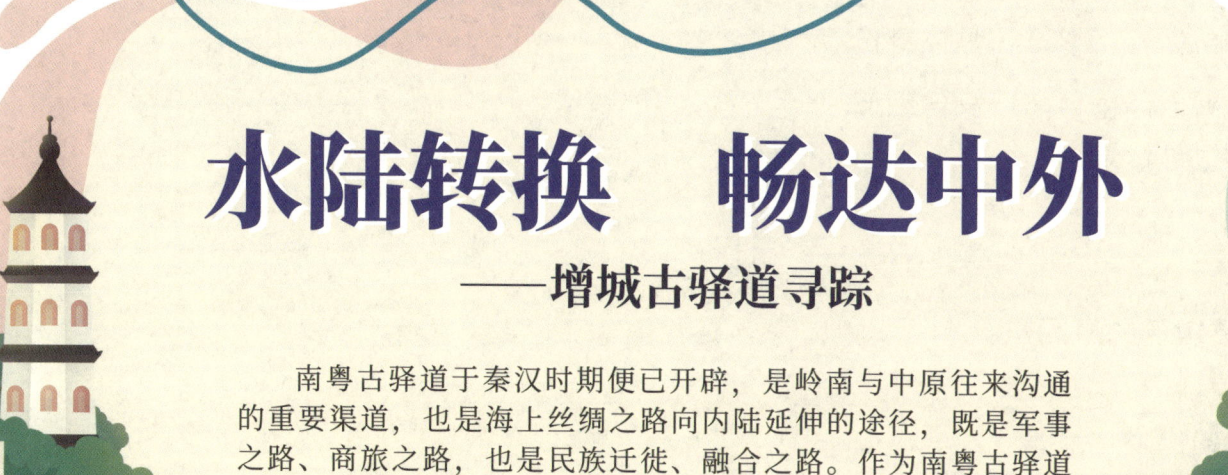

水陆转换　畅达中外
——增城古驿道寻踪

南粤古驿道于秦汉时期便已开辟，是岭南与中原往来沟通的重要渠道，也是海上丝绸之路向内陆延伸的途径，既是军事之路、商旅之路，也是民族迁徙、融合之路。作为南粤古驿道线路上的重要节点，增城是广州与潮惠、福建等地联系的必经通道，也因此成就了千年的历史传奇。你知道增城有哪些古驿道遗迹吗？昔日古驿道的盛景能否在我们手中再现？让我们一起走入古驿道遗迹，进一步了解增城深厚的文化历史。

知识万花筒

古驿道到底是如何发展的？在历史上发挥了什么作用？现在，我们开启时空穿梭，跟随历史的脚步体验古驿道的历史文化。

1 古驿道起源

假如你穿越回到千年前，正要举家搬迁到百越地的增城古县。你知道要使用怎样的交通工具吗？走哪条线路才可以到达增城？请大开脑洞，为自己构建一个合理的古移民身份，完善移民原因，合理设置自己的出发地点。查阅历史地图、《增城县志》《明代驿站考》等资料，寻找古驿道信息，简单画出地图轮廓，用不同颜色的笔圈出出发点、途经点与终点，为自己设计一条能抵达增城的迁移路线。

我为自己设计的身份是	具体身份: 提示：商人、官员、难民……
	身份细节: 提示：细节可与搬迁原因、出发地和线路选择相匹配，时代因素与个人自身因素都会影响搬迁的选择。
我要搬迁的原因是	提示：结合历史背景设想多种可能性。
我的出发地点是	提示：不限中外，选择符合历史事实的地点即可。

抵达增城的线路

文字描述：	图画：
	中国分省地图——广东省

2 古驿道百晓生

跟研究团的成员交流自己设计的身份并分享设计线路,看看你们设计的线路是否有重合之处,交流后是否有新发现?并试着通过你们的交流,完善设计线路图,找出一条最短且具可行性的线路,并再次查找资料,试着总结南粤古驿道的特点。

我们共找到＿＿条南粤古驿道	＿＿条是陆路的,＿＿条是水路的
其中,有＿＿条古驿道是增城用于对外联系的	陆路古驿道有＿＿条,分别是: ① ＿＿＿＿＿,是联系＿＿＿＿＿（城市/区域）的 ② ＿＿＿＿＿,是联系＿＿＿＿＿（城市/区域）的 ③ ＿＿＿＿＿＿＿＿＿＿＿＿＿＿＿＿＿＿ ④ ＿＿＿＿＿＿＿＿＿＿＿＿＿＿＿＿＿＿
	水路古驿道有＿＿条,分别是: ① ＿＿＿＿＿,是联系＿＿＿＿＿（城市/区域）的 ② ＿＿＿＿＿,是联系＿＿＿＿＿（城市/区域）的 ③ ＿＿＿＿＿＿＿＿＿＿＿＿＿＿＿＿＿＿ ④ ＿＿＿＿＿＿＿＿＿＿＿＿＿＿＿＿＿＿
不同时代疆界版图的区别有	
概括古驿道的三个特点	

3 驿道上的古驿站与古渡口

设计好线路图后,你与家人一同踏上移民之路。路上,你们会遇到无数个驿站、渡口,并在此休养、停留一段时间。请试着思考,你会利用驿站与古渡口做什么呢?在驿站与下一个驿站的漫漫长途中,你想要在途中品尝什么地方特色美食?

请根据自己的路线图,查找资料,画出一幅详尽、美观的旅游导赏册,为后来者提供参考。不同身份对驿站功能的利用可能有所不同,请尽情与研究团的成员交流,试着概括出驿道上古驿站、古渡口的功能,并查阅资料,验证你们的猜想。

旅游导赏册

旅游路线图

	功能	发散问题	我们的回答
古驿站功能	①交通运输 ②…… ③……	如： ①南粤古驿道上会运输什么货物？ ②水陆运输货物有何不同？……	
古渡口功能			

南粤古驿道上的美食	

心情札记

狂喜 开心 得意 伤心 生气 失望 震惊 平静

___年___月___日

4 水陆运输哪家强

南粤地貌复杂，有"七山二水一分田"之称，陆地交通不便，但水系发达，形成了纵横交错的古驿道系统，内连中原腹地，外接远洋海外。同为水系发达，水也构成了古江南交通的基本骨架。这两者的交通线路特点有何异同？请查阅资料，找出同一时期的南粤驿线图与江南驿线图，从水驿与陆驿的数量、交通线路走向、经济区域范围、运输货物、中国交通史上地位等角度出发，试着横向比较二者的发展模式，并从中体悟南粤古驿道的发展价值。

	南粤古驿道	江南水乡
水驿与陆驿数量关系（大于、小于、等于）		
地形地势		
舟楫便利度		
交通线路走向		
古镇古渡口分布		
经济区域范围		
运输货物		
中国古代交通史地位		

探索千里眼

穿梭千年,你已经对增城古驿道有了不少了解。"纸上得来终觉浅,绝知此事要躬行",让我们走入实地,探秘现存于增城的古驿道,亲眼见识古驿道上的建筑与动植物,体会古驿道的风采。

1 建筑影像日记

调研记录表

请各研究团前往增城迎恩街的夏街古驿道,重走古驿道,体会古人"行路难"。并分别进行实地调研,完成任务地图。思考古驿道上除了道路,是否还有其他配套设施?这些设施背后还有什么故事?并观察、记录古驿道的走向、长度、驿道上的建筑及建筑材料、古祠堂建筑特点等内容,试着发现问题、提出问题,思考古驿道在经济、文化交融与政治上的价值。

夏街古驿道记录表			
走向		长度	
我们发现驿道上有这些配套设施(建筑)			
建筑的主要材料	贴上你拍的影像,留下考察记忆吧		

心情札记　　　年　月　日

续上表

建筑特色	贴上你拍的影像，留下考察记忆吧

我能想出这些问题：
① 这些配套设施是为满足当时的什么需求而出现的？
② 当时的植被、气候是怎样的？有什么因素影响了这些建筑的建造？
③ _____

对于这些问题，你和组员能够共同解决吗？请试着借助网络、文献等资料，并与研究团的成员探讨，寻找答案。

建筑装饰上的密码

这些岭南特色建筑上有许多装饰，你知道它们分别是什么吗？有着什么寓意？了解装饰的意义，我们更能体会到建造者在修建建筑时的内心寄寓。而通过驿道上的古建筑，我们更清晰地认识古驿道与经济、文化、政治的深度交融。

（以夏街黎氏公祠为例）

楹联	楹联可以清晰交代宗祠的选址、宗源、宗族期盼等密码	
屋顶样式	硬山式/歇山式……可以反映宗族的财力地位	
建筑规模	中式传统建筑在形式与规模上往往有严格规定，不可僭越；其反映了宗族的地位	三间三进，坐西朝东
屋脊装饰（正脊、垂脊、封檐板等）	岭南屋脊装饰多以灰塑为主，有动物、植物、器物与人物等纹饰，各有吉祥寓意，如：喜鹊与梅花结合，寓意"喜上眉梢"；锦鸡与牡丹相配，寓意"锦上添花"……	

2 古驿道策展人

展览是让人们更好了解古驿道历史的方式。若让你策划一场夏街古驿道的展览，你会选择在哪里举行？展览主题是什么？选择展品有什么标准？可以利用什么展出形式呢？请查阅策展的相关资料，与研究团来一场头脑风暴，设计一份展区规划设计图与撰写一段展品介绍词吧。

① 确定展览基本要素

展览地点：*城市 + 具体地点*

展览时间、次数：

古驿道展览主题：

展览形式：*赛博艺术展、沉浸式体验展、实地展览……*

② 展品选择区

展品选择标准：

展品类型：*地图、照片、研学基地……*

展品类型：*实地展品、二次制作展品、文创展品……*

③ 了解展品展示方式

不同重要性的产品有不同的展示方式，而不同的展览方式会使观众对展品的观感产生差异。这取决于产品本身性质与你对产品的分类，什么样的产品是更重要的？你希望观众如何看待某部分产品？了解并综合运用不同展示方式安排展品，注意主次分明，重点突出。

中心陈列法：

特写陈列法：

开放型陈列法：

综合陈列法：

类型单元陈列法：

续上表

④ 起草展览规划设计图

对于主题策展而言，展览设计思路应紧紧围绕主题展开，与参观者产生互动和共鸣，切勿偏题。展览路线与展览的展区设计也应保证重点突出与展品连贯性的统一，并兼具审美要求，适当布局，循序渐进，使人的视觉产生舒服与惊艳的感觉。参考其他博物馆的展区规划与路线，试着进行科学设计，完成平面设计规划图。

路线图

⑤ 撰写产品介绍词

清晰、有趣的产品介绍词能给观众留下深刻印象，这要求策展人对展品有深入的了解与认识。发挥创造力，与成员合作为每个展区及重点展品写一段介绍词吧。

钻研透视镜

1 调研出真知

你知道增城古驿道有哪些已经被活化了吗?参观夏街古驿道已有的活化产品(如榄雕、乡村美学等),并选择一两个建筑居住者或活化项目者进行访谈,获得古驿道活化的思路方式与遵循原则的启发,并思考目前古驿道活化存在的问题与改进空间。

访谈记录表			
时间		地点	
访谈人		访谈对象	
访谈主题			
访谈记录			

思考:如何寻找合适的受访者?如何把具象的问题一步步延伸到古驿道活化等抽象问题?我们应该如何感谢受访者?

根据访谈记录及实地调研所得，查找相关资料，试着画出夏街古驿道活化的思维导图，让自己对驿道的活化有更清晰的了解，并试着回答以下问题。

注意：提出的问题与建议要符合现实，具备一定的可操作性，展现出研究团成员的独特看法。思维导图的要素可包含参与活化的主体、资源、活化成果等。

通过思维导图，我们研究团发现目前夏街古驿道活化方案存在的问题有：_____。这是由于_____。我们觉得可以这样改进：_____

2 古驿道活化新方案

自 2016 年起,广东省在全国率先开展古驿道保护利用工作,开启了一系列行动计划,包括南粤古驿道定向越野大赛、驿道"三师"下乡、文化创意大赛、发掘古驿道侨批文化、制作南粤古驿道音乐等。

增城还有那么多条未被活化利用的古驿道,它们为什么不被重视?若想让这些古驿道拂去历史尘埃,重新绽放历史光芒,我们可以拿出什么方案?请与研究团的成员探讨,了解相关活化案例,如香港登山远足游径麦理浩径在标识指引、因地制宜、自然和谐、安全系统等游径建设经验,撰写"驿道变游径"古驿道活化新方案。本研究团选择进一步活化的增城古驿道是:

我们为活化方案起的名字是:

> 供参考的角度:
> 要遵循什么原则?需要什么主体?利用什么资源?

"驿道变游径"具体方案

- 用地位置:

- 实施目标:

- 可行性分析:

续上表

- 参与主体：

- 资源利用：

- 实施建设内容：

- 实施管控需求：

项目进度　计划　分工　搜集　梳理　研讨　设计　制作　测评　优化　发布

驿道分享会

1 展示准备

班级即将举办一场"古驿道活化分享会"的主题展示活动,作为与古驿道息息相关的古移民,要如何向观众展示与分析你对古驿道的探索成果呢?做好准备,分享你们研究团的研究成果与项目收获吧。

展示方式	□ PPT　　□ 视频　　□ 舞台短剧　　□ 其他:	
任务分工	任务	负责人
	展示"抵达古增城"线路图	
	建筑影像分享及问题探讨	
	展示古驿道展览设计图及介绍词	
	活化新方案演示及展望	

2 最佳古驿道研究团

通过调查研究,各研究团都已掌握了科学的研究方法,并结合现代文化,充分发挥了你们的创新能力。现在,请科学、客观地对每个研究团的表现进行评分,评出你们心中最佳的古驿道研究团吧!

最强百晓生
获奖团队

评分标准　选出领队,商议补充其他的标准

①线路图绘画美观,重点突出
②线路清晰简洁,符合历史知识
③设计及介绍有亮点

最秀建筑王

评分标准

① 调研认真细致，影像日记美观、有创意
② 建筑调研扎实，对场景、资源了解深刻
③ 提出问题有价值，有较强的逻辑性与思考性

最美策展人

评分标准

① 策展路线及展品安排得当，重点突出
② 展品展出搭配得当，设计美观
③ 介绍词内容丰富，无知识性错误，有新意

最优活化王

评分标准

① 活化方案科学，可操作性强
② 问题意识明显，结论严谨
③ 活化方案能较好利用地方资源，且有创造性

最佳研究团

评分标准

① 有较好的文化责任感，尊重岭南文化
② 能提出良好的研究问题，带着问题意识做研究
③ 掌握科学的研究方法，研究态度认真

3 总结与记录

全面回顾本次项目学习经历，对自己和同学的表现作出客观评价。

学习记录卡

我通过项目学习到的内容：_____

我还想继续深入探讨的问题：_____

项目展示中，_____ 研究团的分享给我留下了深刻印象，他们值得学习的地方：_____

项目进度：计划　分工　搜集　梳理　研讨　设计　制作　测评　优化　发布

4 研究团成长贴

根据项目学习经历，给自己与队友的表现作出客观评价，并打上星星吧。

合作精神	探究能力	批判思维	沟通交流	文化自信
个人自评：我能服从分工并积极协助团队成员	个人自评：我能用多种方式进行研究主题探究	个人自评：我能客观地讲述南粤古驿道和历史发展	个人自评：我能根据观众选择合适的内容展现方式	个人自评：能理解并认同岭南文化的精神与价值
最佳队友	最佳队友	最佳队友	最佳队友	最佳队友

未来世界我来创

为了重振古驿道的辉煌，你想要联合港澳青年志愿者团队拍摄一组有关南粤古驿道的系列纪录片，促进粤港澳大湾区文化交流、深层次融合发展。然而目前面临融资困难的问题。为解决资金问题，你专门找到了投资方，但投资人事务繁忙，且只能给你30秒的"电梯游说"时间，要用极具吸引力的方式简明扼要地阐述自己的观点，你会怎样把握住这难能可贵的机会呢？

麦肯锡30秒电梯理论

麦肯锡公司曾经得到过一次沉痛的教训：该公司曾经为一个重要的大客户做咨询。咨询结束时，麦肯锡的项目负责人在电梯间里遇见了对方的董事长，该董事长问麦肯锡的项目负责人："你能不能说一下结果呢？"由于该项目负责人没有准备，而且即使有准备，也无法在电梯从30层到1层的30秒内把结果说清楚。最终，麦肯锡失去了这一重要客户。

从此，麦肯锡要求公司员工凡事要在最短的时间内把结果表达清楚，凡事要直奔主题、直奔结果。麦肯锡认为，一般情况下人们最多记得住一二三，记不住四五六，所以凡事要归纳在3条以内。注意三个原则，包括语出惊人、短小精悍以及提炼观点。

水陆转换　畅达中外——增城古驿道寻踪

5　亮明身份
用简短的词表明你的身份，让对方知道你是谁。

4　明确来意
用一句话表明你找投资方的目的，让对方知道你要做什么。

3　团队优势
用数据或描述性的词语介绍组织架构、成员才干等，让对方认可你的团队。

2　获得收益
用案例、图表等数据支撑项目未来发展前景，让对方意识到项目的多元价值。

1　后续联系
与对方达成初步合作意愿后，留下联系方式，以便后续约谈细节。

项目进度　　计划　分工　搜集　梳理　研讨　设计　制作　测评　优化　发布

世界"牛仔服装之乡"
——新塘牛仔服装产业

牛仔服装在服装界有着重要的地位，增城新塘镇已有40多年繁荣发展史，每年世界上90%的牛仔服装都由新塘生产，新塘牛仔服装产业是增城区的经济支柱产业。牛仔服装在生活中随处可见，你观察过家中的牛仔服装吗？作为一类服装，它与其他服装有着怎样的不同点呢？在科技发展的新时代，你知道服装产业链是如何运转的吗？接下来，我们将通过牛仔服装T台秀、牛仔布调研与再造、模拟牛仔服装物流过程等环节深度学习新塘牛仔服装产业。通过新塘牛仔服装的产业发展，了解整个服装行业趋势。让我们一起来探究吧！

知识万花筒

世界牛仔服装看中国，中国牛仔服装看新塘。牛仔服装已经在日常生活中极为常见。在大街上一眼望去有多少人穿了牛仔服装呢？你会如何进行衣服搭配？现在流行的牛仔服装款式与之前相比有什么变化吗？现在让我们一起走进牛仔服装的世界。

1 生活中的牛仔服装

你的日常服装有牛仔布元素吗？你的家庭成员喜欢牛仔服装吗？请你观察一下家里衣柜，看看家人对牛仔服装的喜爱程度。同时，请你将找出来的牛仔服装分类，比较这些牛仔服装的款式，总结出现的牛仔服装款式以及家庭成员比较喜爱的款式。若家里衣柜没有牛仔服装，则可以观察你周边亲戚或朋友的日常着装。

类别	含牛仔元素的服装	款式	牛仔元素的呈现方式
①	牛仔裤	直筒牛仔裤	设计时尚、面料舒适有质感、色彩多元
②	背带裙	甜美百搭	中长款、设计简约、暖色调

2 牛仔裤款式的演变

"时尚是个圈",当前的牛仔款式多种多样,新塘牛仔服装产业经过40多年的发展,其款式也在不断变化。作为"牛仔服装之乡",应当紧跟时尚的发展。在前面我们已经观察记录了生活中常见的牛仔服装及款式。那么牛仔裤经历了怎样的演变呢?你最喜欢哪些牛仔裤款式呢?请你和你的研究团成员一起查找资料,完善下列表格,探索出牛仔裤款式的演变之路吧!

小贴士

社会经济学家经常用"浪潮"来指某个行业发展周期和趋势。

阶段:牛仔裤诞生

牛仔裤特点:耐磨

时尚程度:不流行

常穿人群:工人

牛仔裤款式:无特殊处理

第一次浪潮(1873—1920年)

阶段:＿＿＿＿＿＿

牛仔裤特点:＿＿＿＿＿＿

时尚程度:＿＿＿＿＿＿

常穿人群:＿＿＿＿＿＿

牛仔裤款式:＿＿＿＿＿＿

第二次浪潮(1920—1970年)

续上表

阶段：_____
牛仔裤特点：_____
时尚程度：_____
常穿人群：_____
牛仔裤款式：_____

第三次浪潮（1970—1980年）

阶段：_____
牛仔裤特点：_____
时尚程度：_____
常穿人群：_____
牛仔裤款式：_____

第四次浪潮（1980年至今）

3 从牛仔裤看整个服装行业

由牛仔裤发展变化的几次"浪潮"，我们可以观察到不同时期人们对服装的要求不同。现在是服装百花齐放的时代，各种服装款式层出不穷。请你与你的研究团成员共同搜集并整理今年服装流行的趋势。

季节	所属地区	服装类型	流行趋势
202__年春	广东广州	衬衫+牛仔	简约、混搭

探索千里眼

1 牛仔服装制品的一生

从牛仔布到牛仔裤

你知道一条牛仔裤是怎么生产出来的吗？牛仔布是生产牛仔裤的原材料，也是牛仔服装生产中最基本的元素。牛仔布的生产需要经过多道复杂的工序，最终才能蜕变成牛仔裤。让我们一同走进模拟牛仔成衣生产工坊，了解牛仔布生产的主要步骤。

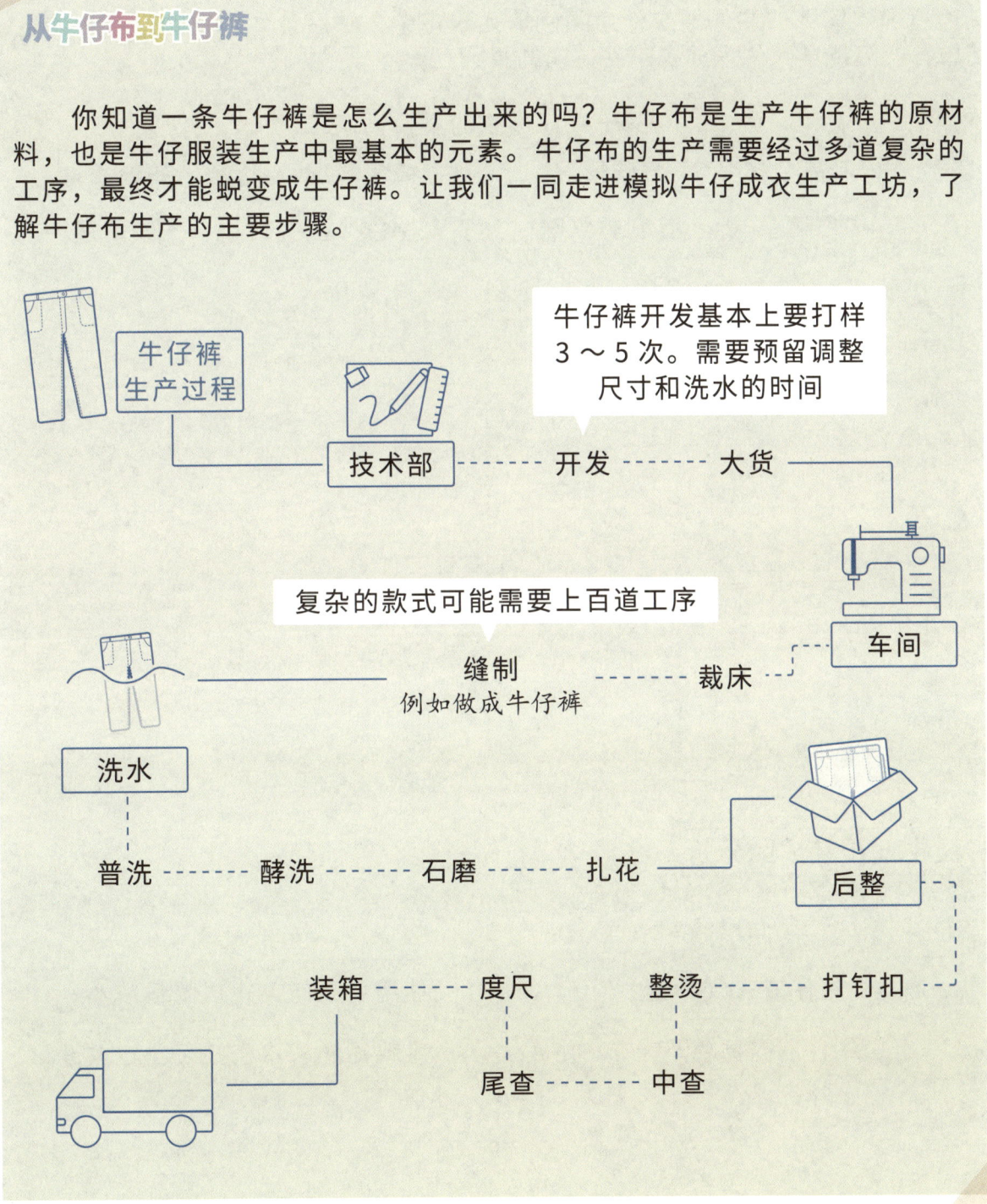

牛仔裤生产过程：技术部 —— 开发 —— 大货 —— 车间 —— 裁床 —— 缝制（例如做成牛仔裤）—— 洗水（普洗 —— 酵洗 —— 石磨 —— 扎花）—— 后整（打钉扣 —— 整烫 —— 中查 —— 尾查 —— 度尺 —— 装箱）

牛仔裤开发基本上要打样3～5次。需要预留调整尺寸和洗水的时间

复杂的款式可能需要上百道工序

2 火眼金睛识好货

辨别劣质牛仔成衣

相信大家都曾经购买过牛仔成衣，有的大品牌牛仔成衣能卖到上千元一件，有的牛仔成衣在时装店能卖两三百元，但是也有的网店挂出的牛仔成衣仅需三五十元，甚至有的店家会挂出更加低廉的价格，这是为什么呢？有时候买到的牛仔成衣总是有一股难闻的气味，非常刺鼻，这又是为什么呢？

接下来，请同学们初步根据自己的经验完成牛仔成衣质量调研，大家可以挑选最近一次购入的牛仔成衣作为案例填入表格中。然后请你根据调查所得信息，简单分析可能导致牛仔成衣制品劣质的原因。

	关于牛仔成衣的质量调研		
编号	牛仔制品名称	气味情况	掉色情况	布料质地
①	牛仔裤	有刺鼻气味	掉色严重	较单薄

劣质牛仔服装成因分析

问题描述	可能成因
牛仔成衣气味重	使用劣质的染料以降低成本
牛仔成衣掉色严重	染料劣质、水洗技艺不过关

牛仔成衣的染料与染剂

同学们,请大家邀请化学老师进行专业指导和支持,尝试设计一个小实验,来测试一下牛仔成衣染料的主要成分。

实验名称 _____

一、基本信息

本人姓名:_____ 年级:_____ 学号:_____

研究团成员姓名:_____

指导老师:_____

实验地点:_____ 实验日期:_____

二、实验目的与要求

三、实验主要原理

四、主要仪器、设备、药品以及材料

五、实验步骤

六、实验数据记录和处理

续上表

七、实验主要结论

3 牛仔成衣的困境

牛仔服装与环保

近年来，随着全球环保意识的增强，许多环保人士对牛仔成衣制品提出了质疑，在牛仔服装生产的过程中，水洗、漂染等多个环节会产生较重的污染。有的厂商为了压低成本，也会使用更加劣质的染料、污染较大的工艺制作牛仔成衣，请你结合第一部分了解到的资料，对牛仔成衣生产过程中的污染进行调查，形成调研报告。

调研报告

一、调查概要

1. 调查目的

2. 调查对象

3. 调查过程

二、调查结果及分析

1. 调查结果

2. 结果分析

了解污染，促进发展

实际上，不仅牛仔成衣行业出现了牛仔服装生产的困境，许多服装生产业也出现了同样的问题。有时为了抢占市场，厂商们会进行价格战，不顾一切压低成本，使用劣质的工艺以及非环保材料。低廉的价格往往会让这些劣质产品短时间内畅销，但这并不意味着质量得到了认可。假如你受邀参加新塘服装商会的年度会议，需要在会议上为新塘服装行业可持续发展以及持续性提高销售量建言献策，请你思考并制作主题发言的思维框架。

项目进度　计划　分工　搜集　梳理　研讨　设计　制作　测评　优化　**发布**

4 变废为宝，牛仔成衣重制——牛仔服装 DIY 计划

牛仔裤是当代年轻人不可或缺的时尚单品。不过牛仔服装的制作过程复杂，可能会产生较重的污染。作为消费者，我们可以尝试将旧的、不穿的牛仔服装变废为宝，继续利用。这实际上就是提升牛仔制品的利用率，延长牛仔制品使用寿命，为环保出一份力。

请你收集家中闲置的牛仔成衣制品，试着重新裁剪、缝合成一条新的"百家裤"，尽可能在你设计的牛仔裤上呈现多种牛仔成衣素材，并在完成后根据你的牛仔服装作品写一段介绍推广词。最后，还可以选用剩余的牛仔服装边角料做一个零钱包或者手机壳等。

① 记录量体数据

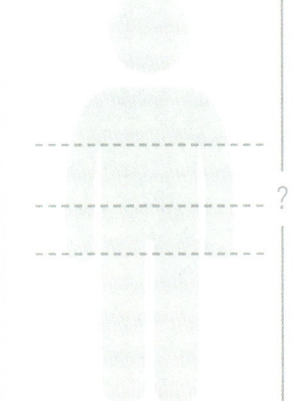

牛仔裤设计量体裁衣数据记录表		
类别	数据示例	我的设计数据
身高	160cm	
体重	55kg	
型号	M 码	
裤长	100cm	
腰围	67cm	
臀围	106cm	
脚口	24cm	

② 拟画版图

续上表

③ 记录选料

你所选用的牛仔服装材料包括哪些？在制作时运用了什么特殊的配件或者材料呢？请你把选用的材料拍照打印粘贴在下方。

面料	缝合

装饰	配件

④ 推广词

项目进度：计划　分工　搜集　梳理　研讨　设计　制作　测评　优化　发布

钻研透视镜

生产出来的牛仔服装会去向哪里？它们是如何来到我们身边的？物流、电商崛起后，牛仔服装从制作、产出到销售、售后的全流程是什么？有哪些相关主体？运用什么先进技术？有哪些著名品牌？这就涉及一个关键概念——供应链。它是指将产品从商家送到消费者手中的整个链条。

1 认识供应链

请你以自己网购或线下购买的一件商品为例，思考这件商品是如何生产的？如何送到消费者手中的？又有谁参与了这一过程？这些未知在我们认识供应链后都将给出解答。

供应链是指围绕核心企业，从配套零件开始，制成中间产品以及最终产品，最后由销售网络把产品送到消费者手中，将供应商、制造商、分销商直到最终用户连成一个整体的功能网链结构。根据你了解到的知识，尝试以自己的方式绘制"供应链"概念图，简洁、清晰地呈现供应链一词的内涵。

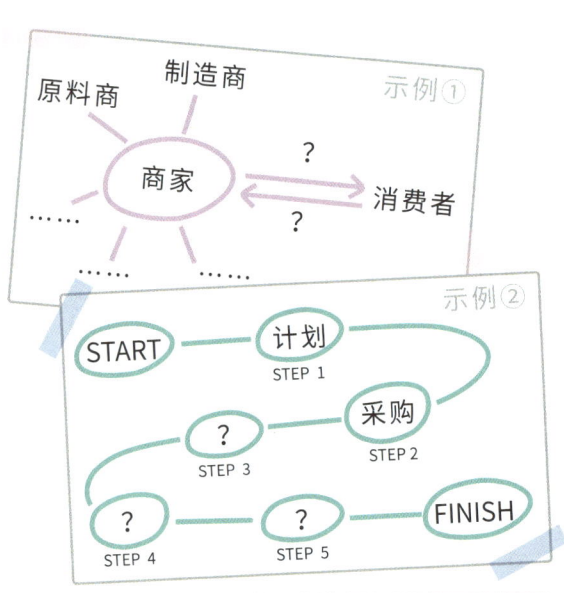

② 牛仔服装供应链

与一般供应链相比,牛仔服装供应链又有什么不同?一起去探访中国牛仔服装第一城——新塘国际牛仔服装纺织城吧!

新塘国际牛仔服装纺织城是集批发零售、服装研发、服装展示、商务办公多功能于一体,由交易中心、研发中心、信息中心、培训中心、物流中心和休闲会所组成的超大规模服装商贸中心,这其中聚集了牛仔服装供应链的众多上下游企业。

带着问题去调查更能准确地获得所需要的信息。当调查新塘牛仔服装供应链时,首先需要明确供应链的具体环节,进而了解在时代发展的背景下传统供应链与新时代供应链的异同。当对供应链有了深刻的了解后,我们再来探索新塘牛仔服装本身的优势,最后得出新塘牛仔服装供应链完整的调查表。

请你作为调查员,自拟调查主题。在调查过程中,你可以选择直接到现场调查,也可以选择访问相关人员以及在网络上查找相关资料,进而调查了解新塘牛仔服装供应链的构成与发展变化。

新塘牛仔服装供应链调查表

牛仔服装的供应链由哪些具体环节构成?

时间		地点	
调查人		调查对象	
调查方法	□文献调查法　□问卷调查法　□访谈调查法　□实地考察法		
调查记录			

牛仔服装供应链 ← 产品供应 → 产品销售 → 仓储物流

(产品供应了什么版式的牛仔服装?价格如何?质检否?产品销售途径?如何进行售后?仓储物流售后如何?)

续上表

❓ 物流、电商的崛起给传统供应链带来了什么改变？

时间		地点	
调查人		调查对象	
调查方法	□文献调查法　□问卷调查法　□访谈调查法　□实地考察法		
调查记录			
对比类别	传统供应链		电商供应链
顾客类型	企业服务的对象是既定的		顾客是未知实体

❓ 牛仔服装供应链中运用了什么营销方法？

时间		地点	
调查人		调查对象	
调查方法	□文献调查法　□问卷调查法　□访谈调查法　□实地考察法		
调查记录			
方法名称	方法简介		优势
异业结盟，协同服务	供应链中的企业整合各自的优势资源为其他企业提供支持和服务		以最低的成本、最快的速度响应市场，获得最大化的利益

心情札记

狂喜　开心　得意　伤心　生气　失望　震惊　平静　

___年___月___日

续上表

? 新塘牛仔服装有哪些著名的品牌？

时间		地点	
调查人		调查对象	
调查方法	□文献调查法　□问卷调查法　□访谈调查法　□实地考察法			
调查记录			

品牌名称	品牌简介	品牌优势

?

时间		地点	
调查人		调查对象	
调查方法	□文献调查法　□问卷调查法　□访谈调查法　□实地考察法			
调查记录			

尝试从供应链各环节、各主体角度，结合第三部分的信息，总结新塘牛仔服装发展的经验和不足。

经验：

1. 产品供应：……

2. 产品销售：……

3. 仓储物流：……

不足：

1. 服装企业：

2. 供应商：

3. 加工厂：

4. 分销商：

5. 零售商：

6. 电商平台：

7. 物流企业：

8. ……

3 牛仔服装的运输

物流是牛仔服装供应链的组成部分，主要负责产品的运输和配送。物流路径规划图是指描述和展示物流运输过程中货物从起点到终点的路径、节点、时间和方式等信息的图表。

现有一批牛仔裤需要从新塘国际牛仔服装纺织城运往越秀区白马国际时装城（1吨牛仔裤），最后回到纺织城。假如你是物流管理者，你会如何规划本次运输路线？在规划运输路线的同时，需要考虑当地的自然、社会、人文因素，请你画出大致的物流路径规划图，并试着用该图计算这批牛仔裤的物流量、人力、车次、能耗等，科学计算物流成本。

物流路径规划原则

- 时效满足原则
- 线路最短原则
- 油耗最低原则
- 线路无交叉原则
- 水滴型线路原则
- 无空驶原则
- 规避交通管制及拥堵原则
- 最小车型原则
- 由近而远原则

备注：线路规划原则，主要有九条，从不同角度和出发点，给予线路规划与指导。

类别	增城区	越秀区
自然因素		
社会因素		
人文因素		

运输是服装链接生产者与消费者的重要桥梁。因此，服装成品的物流规划需要合理、高效。请思考物流路径需要考虑哪些因素，并补充物流路径规划流程：

（1）确定货物需求：明确货物的规格、数量、需要将货物从何处运送到何处。

（2）分析地理环境和交通情况：分析货物运输路线中的交通状况、地形地貌以及道路交通情况等，以选择合适的运输工具和路线。

（3）选择运输工具：根据货物性质和地理环境等因素，选择合适的运输工具。

(4) 评估运输风险：评估运输路线中的风险情况，包括道路交通安全、货物自然灾害等，以选择安全的运输路线。

(5) 制定具体物流运输路线方案：根据以上分析，制定最优的物流运输路线方案，并且进行相应的后续跟踪和管理。

物流路径规划图

提示：可参考右图，先对各地点间距离进行计算和统计，在此基础上考虑物流路径规划原则，标注需要关注的要点，如一般用时、道路与交通情况、预估风险、油耗情况等。再从中规划出最优路径，呈现从起点到终点的路径、节点、时间和方式等信息。

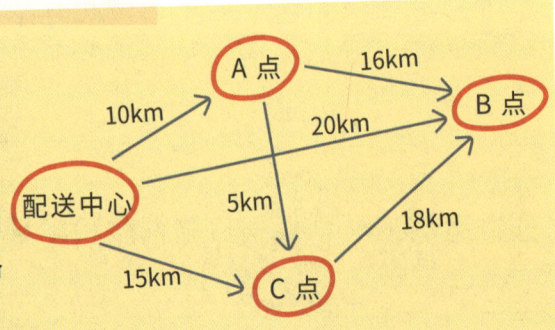

物流成本计算

存储成本 = 仓储场地费用 + 仓储设备费用 + 仓储管理费用
运输成本 = 运输工具费用 + 运输人员费用 + 运输燃料费用
包装费用 = 实际包装物料成本 + 包装工资成本 + 包装设备成本
信息成本 = 信息处理费用 + 信息管理费用
运营成本 = 人力资料费用 + 办公费用 + 其他运营费用
最终物流成本 = 存储成本 + 运输成本 + 包装费用 + 信息成本 + 运营成本

牛仔服装分享会

1 牛仔服装 T 台秀

牛仔服装随着时代的发展不仅蕴含了丰富的文化内涵,而且引领了时尚潮流。服装能够通过 T 台秀展现其中的设计内涵,通过模特的展示,更好地呈现每件衣服的特点。现在每个研究团都要以牛仔服装元素进行 T 台秀比赛,请你与你的研究团成员进行讨论,准备一组 5 套完整的 T 台秀服装,同时在展示过程中搭配解说。

服装搭配	解说
	牛仔服装选用:不同程度水洗牛仔与其他衣服拼接 搭配特色:通过上身拼接夹克结构,尝试混合图案,令人眼前一亮,下身的短裙是假两件的设计,更具层次感

项目进度:计划 分工 搜集 梳理 研讨 设计 制作 测评 优化 发布

服装搭配	解说

心情札记

狂喜 开心 得意 伤心 生气 失望 震惊 平静

___年___月___日

续上表

服装搭配	解说

刚刚举行的T台秀中，各个研究团都展现了各组搭配的牛仔服装。你最喜欢哪套牛仔服装搭配呢？请把最喜欢的一套牛仔服装搭配记录下来，然后与研究团成员共同制作出一本独属于你们的T台秀回忆册吧！

研究团名称

最喜欢的一套服装搭配
（粘贴图片的地方）

项目进度　　计划　分工　搜集　梳理　研讨　设计　制作　测评　优化　发布

2 主题展示准备

班级即将举办一场"新塘牛仔服装时光记忆展"的主题展示活动,在该展示活动上,你与你的研究团成员需要将你们的T台秀回忆册、牛仔服装生产过程的污染调查、牛仔服装DIY作品、牛仔服装的供应链以及物流版图等制作成一个展览,同时需要在展览的结语部分点明当前牛仔服装发展应当如何应对新时代转型。请你与你的研究团成员整理好相关主题材料,分享你们团队的研究成果和项目收获吧!

展示方式	□PPT □视频 □舞台短剧 □展览 □其他:	
任务分工	任务	负责人
	整理研究团的成果、展览设想、研究提纲与策划初案	
	向学校管理阐述策展想法、理由,说服管理层同意	
	构思展览设计,撰写导语、展品解说词以及结语	
	现场解说展览,介绍研究内容	
	全体人员进行布展	

3 最佳新塘牛仔服装研究团

通过调查研究,各研究团都已掌握了科学的研究方法,并结合现代文化,充分发挥了创新能力。现在,请科学、客观地对每个研究团的表现进行评价,评出你们心中最佳的新塘牛仔服装研究团吧!

评分标准 选出领队商议补充其他的标准

数据团 获奖团队
①对新塘牛仔服装的实际销售过程了解透彻
②对牛仔裤的物流成本计算科学
③对新塘牛仔服装物流过程掌握良好

评分标准

研究团
①调研认真细致,对新塘牛仔裤的发展史、销售情况了解透彻
②探索新塘牛仔服装的环保治理方案切实可行
③提出的问题有价值,有较强的逻辑性与思考性

评分标准
① 策展路线及展品安排得当，重点突出
② 展品展出搭配得当，设计美观
③ 介绍词内容丰富，无知识性错误，有新意

策展团

评分标准
① 撰写的计划书、方案等可行性强
② 牛仔服装DIY设计成功并精美制作出来
③ 物流规划路线最贴合实际情况

实操团

评分标准
① 牛仔服装DIY设计与制作得到广泛认可
② 物流路径规划图绘画有美感，重点突出
③ 牛仔T台秀展示最佳，观众认可度最高

设计者

4 总结与记录

全面回顾本次项目学习经历，对自己和同学的表现作出客观评价。

学习记录卡

我通过项目学习到的内容：_____

我还想继续深入探讨的问题：_____

项目展示中，_____研究团的分享给我留下了深刻印象，他们值得学习的地方：_____

项目进度：计划　分工　搜集　梳理　研讨　设计　制作　测评　优化　发布

5 研究团成长贴

根据新塘牛仔服装产业项目学习经历，给自己与队友的表现作出客观评价，并打上星星。

未来世界我来创

SCQA 模型（结构化思维表达）

增城区新塘镇曾经被称作"世界牛仔成衣之都"，牛仔布料生产、五金配件、牛仔成衣曾经都是这里的支柱产业。光新塘一个小镇，每年就要生产 2.6 亿条牛仔裤。而每生产一条牛仔裤就要耗费 3480 升水，相当于一个成年人 5 年的饮水量。每生产 3 条牛仔裤，大约就会产生 200 升的水污染，其中牛仔染色、做旧环节涉及 2500 种化学物质。

事实上，近年来随着产业更新迭代，不仅牛仔成衣行业，整个服装行业都面临着"生产过程不环保""工业废水污染性强""生产过程对人体危害大"等问题。随着时尚风格改变，普通的成衣制品也没有办法满足消费者个性化的需求。因此，新塘牛仔服装行业从繁华渐渐走向了没落，服装行业竞争也越来越激烈，亟需转型介入。请你根据上一环节中分析的新塘牛仔服装产业目前发展的困境，结合 SCQA 模型对服装行业的发展前景进行分析，完善服装行业可持续发展方案。

> **小贴士**
>
> 牛仔服装所含的纤维较为简单，方便进行回收和再利用，产品的定位与设计对新塘牛仔行业有着重要的的作用。牛仔服装可持续发展的方向主要为减量化、再利用、资源化、环境友好、延长产品使用周期

世界"牛仔服装之乡"——新塘牛仔服装产业

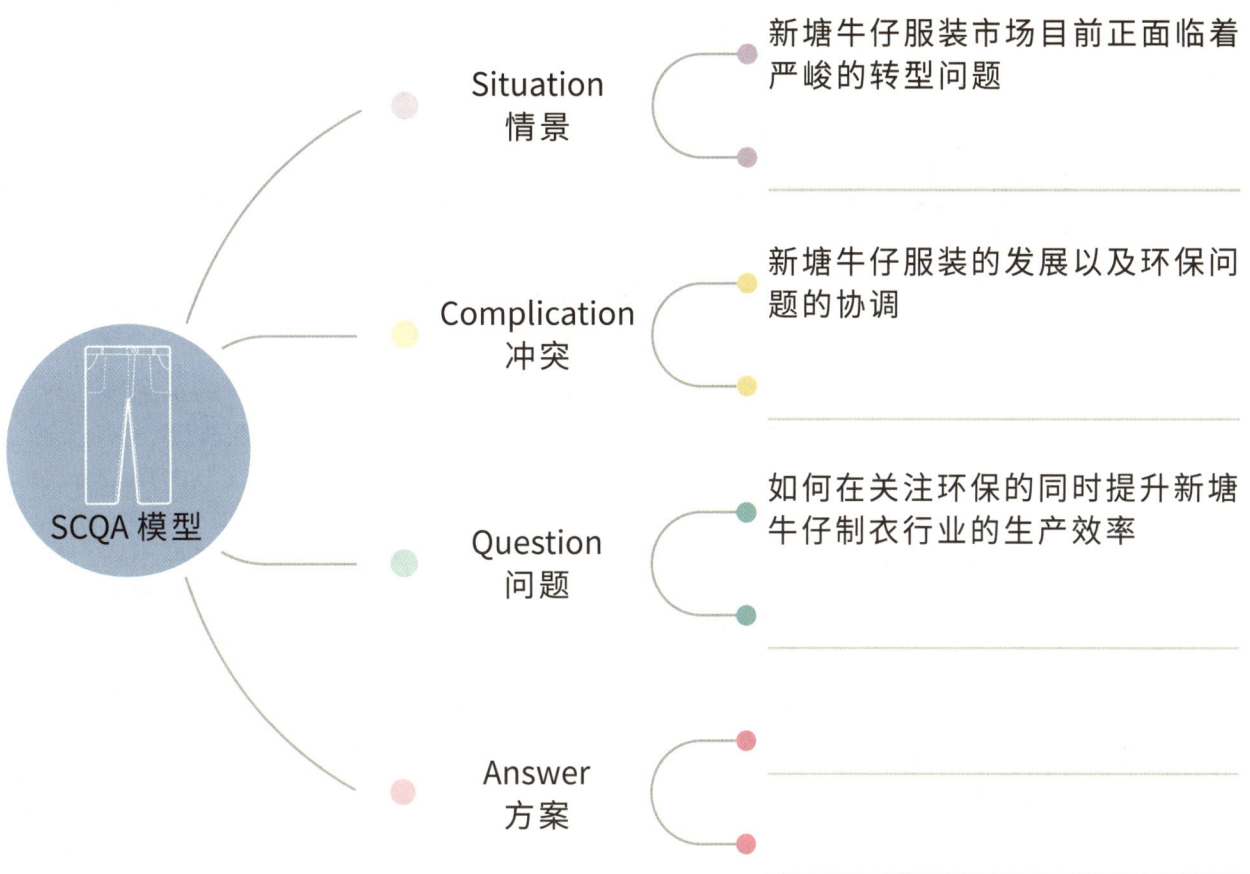

Situation 情景	新塘牛仔服装市场目前正面临着严峻的转型问题
Complication 冲突	新塘牛仔服装的发展以及环保问题的协调
Question 问题	如何在关注环保的同时提升新塘牛仔制衣行业的生产效率
Answer 方案	

SCQA 模型

项目进度：计划　分工　搜集　梳理　研讨　设计　制作　测评　优化　发布

技术发明　产业立区
——新能源汽车产业

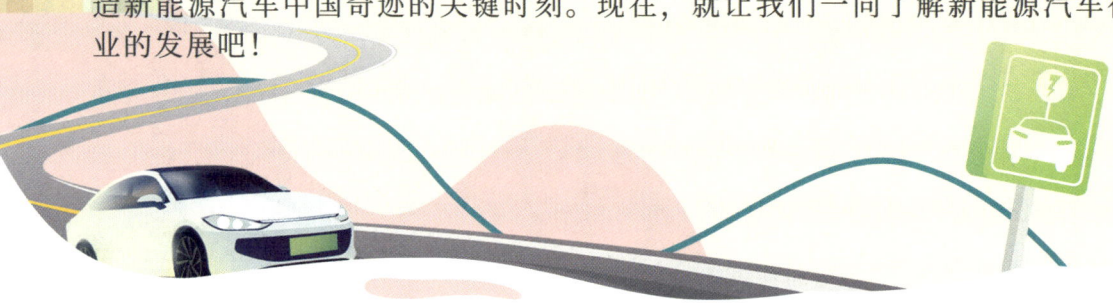

根据最新的《中国纯电新能源汽车报告》，我国目前整体汽车市场增速放缓，新能源汽车发展趋势稳定向好。新能源汽车不仅是汽车产业转型、发展的主要方向，还是促进经济持续增长的重要引擎，更是我国从汽车大国迈向汽车强国的必由之路，是应对气候变化、推动绿色发展的战略举措。当前，在新能源汽车领域，我国已经形成了基础设施、税收补贴、运营管理等不同层级的系统化政策体系。随着新能源汽车技术趋于成熟，未来一段时间将是新能源汽车革命、可再生能源革命和人工智能革命突飞猛进、协同发展的时代，也是汽车工业从传统汽车进化到智能汽车的关键时期。新时代，新发展，目前正是汽车企业们勇抓历史机遇、不断寻求突破、促进技术能力攀升，创造新能源汽车中国奇迹的关键时刻。现在，就让我们一同了解新能源汽车行业的发展吧！

知识万花筒

为了推动新能源汽车产业的发展，政府出台了一系列政策，其中包括土地、资金等多方面的支持，鼓励各企业加大研发投入力度，推动新能源汽车产业技术发展和创新。

目前，新能源汽车应用范围扩大化、应用场景丰富化，逐步融入人们的生活。同学们有没有留意过新能源汽车有什么特点呢？与燃油汽车相比，新能源汽车有什么不同之处呢？在增城区内，有哪些具有代表性的新能源汽车产业？相信大家都知道，电池是新能源汽车的"心脏"，那你知道新能源汽车电池的最终归宿吗？让我们带着这些"小问号"，一起走进新能源汽车的世界探索奥秘吧！

1 新能源知识接力棒

你知道什么是新能源吗？新能源是一个概括广泛的词语，要把"新能源"精细化，我们要了解新能源的分类、优劣势、发展前景与方向等。运用新能源驱动的汽车具有环保节能、成本较低、智能便捷等多方面的优势，是进入 21 世纪以来汽车技术发展的重要方向。你知道新能源汽车有哪些类型吗？新能源汽车的产业面临着什么机遇与挑战呢？请大家查阅相关文献资料，制作一本以新能源和新能源汽车为主题的立体书吧！

制作要求

①图案丰富多样，具有趣味性；
②机关设置合理，可操作性强；
③文本符合逻辑。

2 新旧对比知多少

请大家将燃油汽车和新能源汽车进行对比，讨论一下有什么不同之处。除了团队讨论外，我们还可以开展系列采访和调研活动。了解家人、老师、同学、朋友等各方对燃油汽车和新能源汽车的看法，并比较这些看法之间的相似性和差异性。

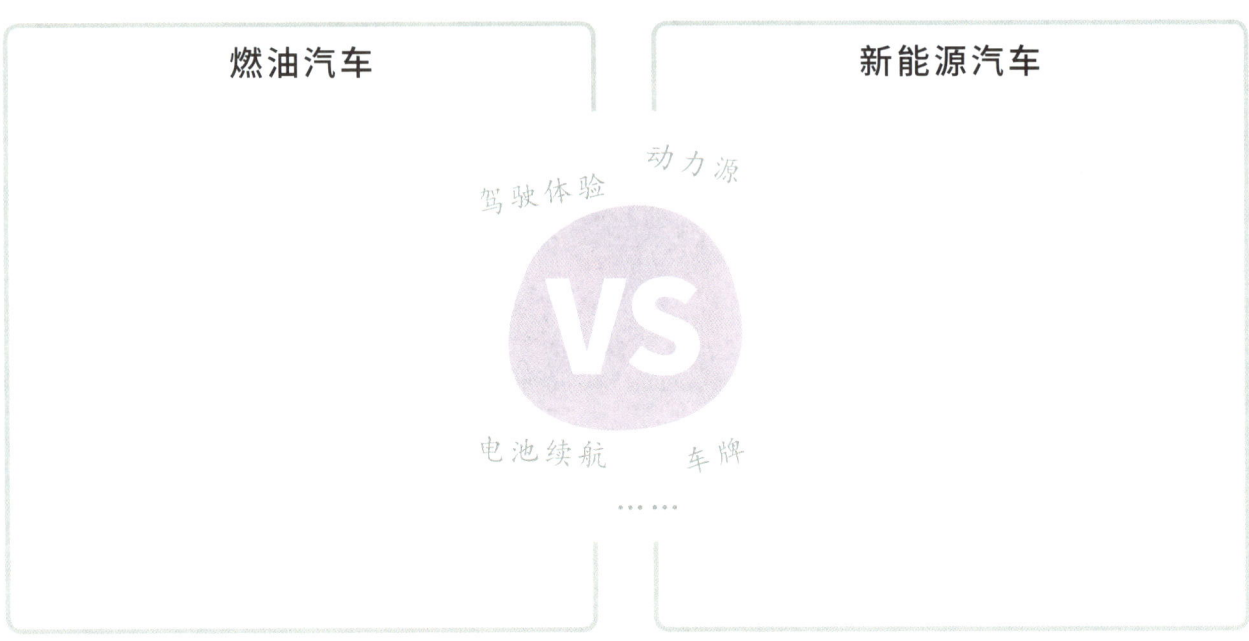

采访对象	采访日期

? 您认为新能源汽车和燃油汽车最大的不同点是什么？

_____

_____

? 您认为是燃油汽车还是新能源汽车更环保呢？

_____

_____

? 您认为是燃油汽车还是新能源汽车更具性价比？

_____

_____

? 可依据情况，选择更多角度提出其他问题

技术发明　产业立区——新能源汽车产业

如果现在你在某家新能源汽车企业任职CEO，公司将要举办新能源汽车发布会，你会选择最新产品的哪些亮点进行宣传呢？请你完成"宣传亮点清单"，并说出选择这些亮点进行重点介绍的理由。

宣传亮点清单

品牌		动力		续航里程	
车内配置					
安全					
外观					
质保					
充电桩					
?					

项目进度　　计划　分工　搜集　梳理　研讨　设计　制作　测评　优化　发布

 素养导向的应元项目式学习课程

3 发展手册我来做

在全球能源短缺，提倡清洁能源的大背景下，新能源汽车是汽车行业发展的必然选择。目前，新能源汽车的创新性研发、标准性示范和规范性生产等工作已经得到各国政府和企业的高度重视，新能源汽车正处于产业爆发的前期阶段。

增城围绕"芯显车"等主导产业，大力推进企业增资扩产和新项目引进工作，重点推动广汽产业园、新程汽车工业华南基地等项目，加快推进新能源汽车产业发展。

请大家收集资料，分析梳理信息，设计一份增城新能源汽车行业的发展手册。

增城新能源汽车发展图谱

> 提示：
> 新能源汽车企业有哪些？
> 这些企业在增城区的空间布局是怎样的？
> 增城区汽车制造业的产值是多少？
> 对增城区的经济发展有什么影响？
> 增城区汽车产业的全球化链条如何呈现？
> 你认为未来增城区汽车产业的发展重点在哪里？

4 汽车电池回收

新能源汽车的"心脏"是电池,电池系统的质量直接关系到汽车的可行驶里程数、安全性、经济性等情况。但是,目前新能源汽车最大的技术瓶颈正是电池系统。充电时间过长、电池效率低下、电池安全隐患等一直是困扰新能源汽车发展的难题。而且,随着新能源汽车电池的更新换代,"退役"下来的电池将如何处理呢?处理过程中是否会产生二次污染?

请同学们以团队为单位,探讨"退役"电池何去何从,同时规划一份合理的电池回收方案。

❶ "退役"的电池都去了哪?

> 如:正规渠道回收、再利用

❷ 不正确处理废旧汽车电池,会产生哪些严重污染?

❸ 目前电池回收利用面临哪些挑战?

> 如:新能源汽车用户对动力电池回收意识还不够强

❹ 汽车电池回收产业化方案

1. 明确回收主体(谁可以回收新能源废弃电池)

2. 明确利用主体(谁可以对电池进行二次利用)

3. 明确利用方式(如何进行梯次利用和再生利用)

4. 汽车电池回收企业的营利模式

项目进度 计划 分工 搜集 梳理 研讨 设计 制作 测评 优化 发布

探索千里眼

1 组装太阳能小车

在生活情景中,清洁能源的应用十分广泛。太阳能就是重要的清洁能源之一,被广泛应用于我们的生活当中,那么我们有没有可能实现太阳能汽车产业化呢?请大家以团队为单位,购买相关零部件设计一辆太阳能小车,与其他研究团竞速、爬坡,看看哪个研究团制造的太阳能汽车性能更优越。根据测试的结果,思考太阳能汽车产业化可能会遇到的挑战及解决问题的方法。

① 材料准备

名称	作用	数量	购买方式
太阳能板	将太阳能转化为电能		

② 设计太阳能汽车

步骤	具体任务	过程记录
制作底盘	设计底盘，安装电动机、车轮等	A. 安装时间： B. 实际操作中遇到的困难： C. 任务的完成度： D. 其他：
制作小车外壳	挑选合适材料制作外壳，安装太阳能板	
小车行驶	连接太阳能板和电动机，检测是否能够行驶	

③ 反思与总结

以思维导图的形式来反思和总结太阳能汽车发展的挑战。

2 参观基地拓视野

知行合一，实践出真知。作为广州东部先进制造业基地，增城聚焦实体经济，围绕产业链部署汽车行业创新发展战略，重点培育"芯""显""车"三大特色产业。目前，增城区拥有一批知名的汽车及零配件制造企业，包括广州本田增城工厂、广州电装、提爱思、中新塑料、福耀玻璃等，形成了"上游研发设计、中游整车及零配件制造、下游销售配送"的发展格局。让我们走进相关企业，直观感受现代汽车制造业的魅力吧。

请各研究团前往一所企业，了解该企业的运作模式，体会新能源汽车产业的魅力。

参观记录表

机构名称	
位置与环境	
参观内容	生产设备：（生产线配置、设备维护、技术更新、安全情况……）
	员工形象：
	企业介绍：
	科技讲堂：
	产品特色：
	职业体验：

心情札记　　___年___月___日

续上表

对工作人员的访谈	①访谈人员的职业生涯故事。 ②对自己职业的满意度。 ③对企业的运作方式或发展方向有什么建议？ ④对增城新能源行业的看法。 ⑤对新能源汽车未来发展的展望。

请从企业发展、访谈反思、个人体验等角度分享你的参观感受：

钻研透视镜

新能源汽车是未来汽车产业发展的主要方向，但在实际生活中，新能源汽车进入寻常百姓家还差"最后一公里"。请尝试开展社会调查，了解新能源汽车普及化过程中存在的问题并尝试提出解决方案，为更智能、更环保的新生活贡献我们的智慧和力量！

项目进度　计划　分工　搜集　梳理　研讨　设计　制作　测评　优化　发布

1 研究问题

车位问题	充电设备建设	居民接受度	自定主题
小区停车位是否满足新能源汽车的停放以及充电的需求?	①小区内充电设备的安装遇到哪些困难? ②小区内充电桩的位置选择是怎么样的? ③电力供应方面遇到什么问题?	小区居民对于新能源汽车的态度和接受程度如何?	自拟其他问题

2 研究计划设计

研究主题	
研究依据	① ② ③
研究方法	□文献研究法　□问卷调查法　□访谈法　□实地考察法

研究项目进度计划与管理			
主要阶段	时间安排	项目研究内容	分工安排

3 数据收集与整理

请结合你们的研究思路开展调研,收集并整理相关的调研数据。

数据的来源	□文献研究	□问卷调查	□访谈	□实地考察
文献研究				
论文题目				
作者		发表期刊		发表时间
论文结论				
研究启发				
访谈记录				
被访谈者		性别		年龄
访谈者		访谈时间		访谈地点

? 问题①

访谈内容

? 问题②

访谈内容

? 问题③

访谈内容

访谈小结

项目进度: 计划 分工 搜集 梳理 研讨 设计 制作 测评 优化 发布

续上表

实地调查

4 数据可视化呈现与调研结论

数据可视化有助于通过直观的方式突出重点、凸显趋势,帮助人们更好地理解数据之间的关系。词云图是一种常见的数据可视化工具。请大家使用词云图工具呈现与本次调查相关的调研结论。

图表

调研结论:

技术发明　产业立区——新能源汽车产业

5 研究成果展示

通过研究和数据分析，我们获得了宝贵的建议。让我们一起回顾研究流程，将研究目标、方法、结论等内容通过清晰的方式向大家展示。一份优秀的研究报告需要选择相关思维工具或分析模型，清晰地呈现研究的逻辑思路和方法，提供详尽的解释和讨论过程，确保准确呈现数据和结果。

> **思维工具参考：**
> **SWOT分析原则**
> 评估新能源汽车企业的优势、劣势、机会和威胁，以确定潜在的解决方案和创新点。
>
> | S 优势 | W 劣势 |
> | --- | --- |
> | O 机会 | T 威胁 |

项目进度　计划　分工　搜集　梳理　研讨　设计　制作　测评　优化　发布

学研成果分享会

1 展示准备

班级即将举办一场"新能源汽车研学展"的主题展示活动，在该展示活动上，你与研究团的成员需要将你们的立体书、新能源汽车模型、企业参观记录表、社区调研报告等成果展示出来，同时需要整体提炼出一份现场展示方案。请你与研究团的成员一起整理好相关材料，分享你们的研究成果和项目收获吧！

展示方式	□ PPT □ 视频 □ 舞台短剧 □ 展览 □ 其他：	
任务分工	任务	负责人
布展策划案		
现场宣讲员		
展品宣传员		
展品演示员		

2 新能源汽车创想研究团

通过展会交流，请科学、客观地对每个研究团的表现进行评分，评出你们心中最佳的研究团吧！

评分标准　选出领队商议补充其他的标准

① 立体书设计精美、色彩搭配得当，给人留下深刻印象
② 立体书对新能源汽车相关知识的呈现准确、全面，吸引读者的注意力
③ 立体书制作别出心裁，整体质量较好

最佳设计师
获奖团队

最美策展人

评分标准

①能够策划出新能源汽车相关展品安排，突出重点
②展品的搭配和设计美观，能够吸引同学们的视线
③介绍词内容丰富，没有逻辑错误，具有新意

最佳调研员

评分标准

①调研问题明确，有清晰的调研思路
②具有明显的问题意识，结构严谨，并且能够较好地利用地方资源，具有创造性
③调研结论分析有理有据，具有说服力

最佳研究团

评分标准

①具有良好的文化责任感，尊重新能源汽车相关领域的发展
②提出良好的研究问题，以问题意识驱动新能源汽车研究
③能够掌握科学的研究方法，认真对待新能源汽车的研究

评分标准

3 总结与记录

全面回顾本次项目学习经历，对自己和同学的表现作出客观评价。

学习记录卡

我通过项目学习到的内容：_____

我还想继续深入探讨的问题：_____

项目展示中，_____研究团的分享给我留下了深刻印象，他们值得学习的地方：_____

4 研究团成长贴

根据项目学习经历,给自己与队友的表现作出星级评价。

未来世界我来创

我们在调研中学习、在实践中成长。通过课程的学习,我们对新能源汽车产业的发展有了较为全面的认识。展望2050年,汽车产业的设计、制造、销售等产业链条、产品形态会变成什么样,请你作为未来新能源汽车学家,对未来的汽车产业发展做一份"未来预言"。

_____

心情札记

 狂喜　 开心　 得意　 伤心　 生气　 失望　 震惊　 平静　

___年___月___日

项目进度 计划 分工 搜集 梳理 研讨 设计 制作 测评 优化 发布

总结篇
各路成果齐争鸣——综合评议汇报

绿美荔城竞风华
——飞鸟观察之旅

观鸟是一项亲近自然、放松身心的有趣活动。通过观察鸟类的行为、鉴别它们的外貌和声音，我们能更好地了解自然界的多样性和生态系统的奥秘。本课我们将通过博物学方法，学习使用望远镜和鸟类识别手册，理解鸟类在生态系统中的重要作用，并尝试创新鸟巢设计，深入探讨鸟类的生活习性和保护问题。让我们一起追寻飞鸟的足迹，深入自然，为保护绿美荔城贡献力量。

知识万花筒

1 走进博物学

你知道什么是博物学吗？在前面课程的学习中，我们曾接触过博物学的什么分支？博物学有哪些成果表现形式？

> **博物学**
> 博物学内涵丰富、历史悠久，是人类与大自然打交道的一门古老学问，指对大自然中存在的动物、植物、菌类、矿物等事物进行宏观观察、描述和分类。中国古代也有不少博物学著作，例如西晋张华的《博物志》、南宋郑樵《昆虫草木略》等。

我们在《太空种子的秘密——未来科学家培养计划》一课中，曾对种子进行了探索，这正是博物学的分支之一＿＿＿＿＿＿，还在其中完成过＿＿＿＿＿＿，这便是博物学的成果表现形式之一。

2 认识观鸟

鸟类是地方环境优劣的"生态试纸"。增城绿树成荫、江水绵绵，是候鸟迁徙路线上的停靠站，更是名副其实的"候鸟乐园"。让我们一起认识观鸟，了解增城天际线最美的精灵。

你知道什么是留鸟与候鸟（夏候鸟、冬候鸟、旅鸟和漂鸟）吗？请查找资料，完成下面的韦恩图。

留鸟

定义：终生都生活在一个地方，不会随着季节的变化迁徙的鸟

我国的代表留鸟：

候鸟

我国的代表候鸟：大雁

增城的夏候鸟：

增城的冬候鸟：

在增城观鸟的最佳时节是什么时候？候鸟迁徙会遇到什么困难？

请结合下面的《全球候鸟迁徙路线图》，与研究团的成员们探讨，完成以下的增城候鸟知识表。

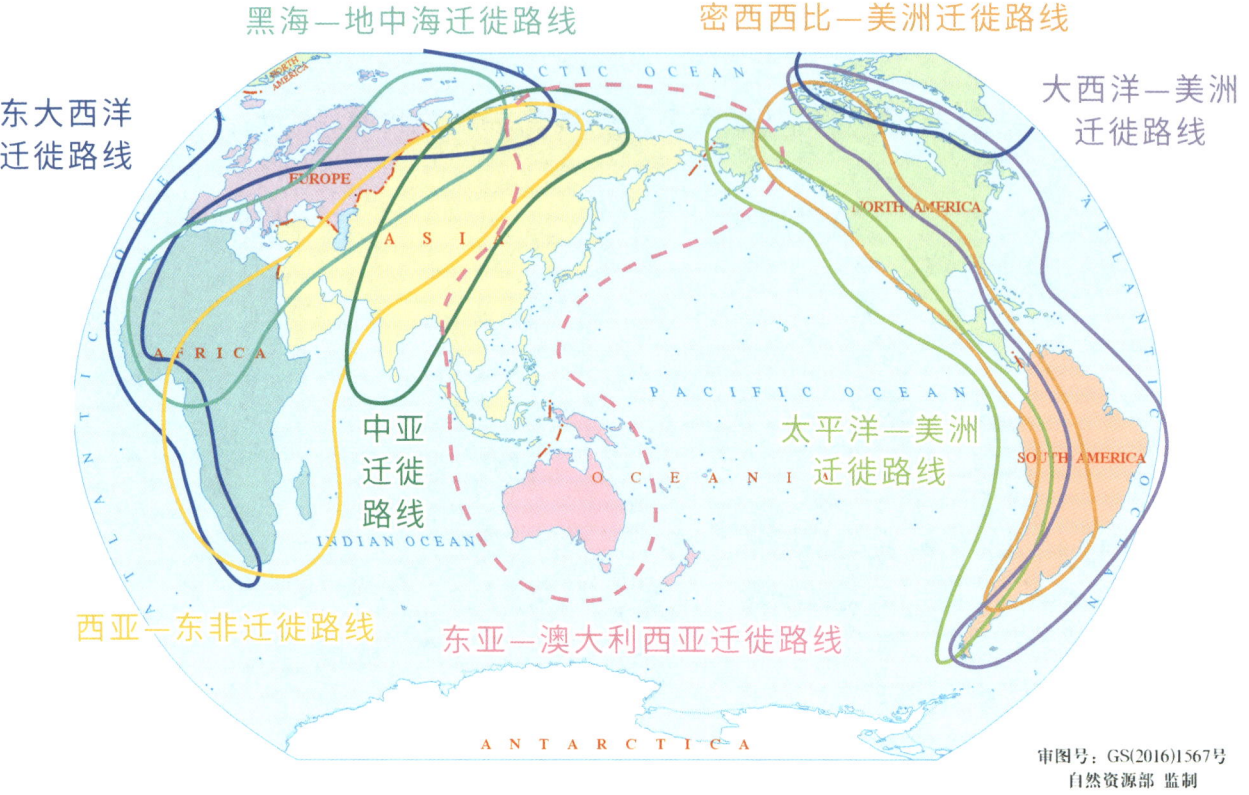

增城属于我国 ___西部／中部／东部___ 候鸟迁徙区	
全球有 _____ 条候鸟迁徙路线，经过中国的有 _____ 条	
经过广东的是 _____ 线路	
候鸟迁徙的时节	北归返家： ___月—___月；越冬南迁： ___月—___月 最佳观鸟期： ___月—___月
增城有什么迁徙鸟类？	列出3种代表性鸟类
候鸟迁徙会遇到的困难	人为捕杀、环境破坏、城市化的影响、_____、_____、_____、_____、_____ 请从鸟类自身与外部因素考虑，再列出3个以上的可能困难

观鸟指南

观鸟的流程是什么？需要带什么设施呢？一天之中什么时候去观鸟最合适？请查阅资料，在以下图案中勾选设备（必备的打"√"，不可选的打"×"，非必须的打"○"），并写上携带理由与注意事项，与研究团的伙伴交流。

设备	望远镜	鸟类图鉴、中国鸟类野外手册	鲜艳衣着
注意事项	不要用手摸镜片、避免直接观察太阳		
设备	长焦相机	防晒装备	自由补充你想带的设备
注意事项			

探索千里眼

1 齐做抬头族

实地观察和信息调研

下面请带上调研表，共同来到调研地点，开始你们研究团的观鸟旅途吧。

观鸟地点	增江画廊、丝苗米稻田公园、太子森林公园……	
观鸟人		观鸟日期
观鸟环境描述		
观鸟衣着		
观鸟设备		
计划观察鸟类	留鸟：黑卷尾、…… 候鸟：黄胸鹀（禾花雀）、……	

项目进度：计划　分工　搜集　梳理　研讨　设计　制作　测评　优化　发布

观鸟日志

请根据《中国鸟类野外手册》，记录下你们研究团观察到的鸟类（4～5种），并认真对照、拍摄、记录，在观鸟日志上写下它们的详细信息吧。注意边观察、边学习鸟的分类、鸟的飞行结构、鸟类所需生态环境、广州常见鸟类等知识（完成后，可进一步在观鸟日志上绘上相关图案，增加你的观鸟日志的美观度）。

（可以是照片，也可以是速写写真）	鸟类名称 数量： 生态类群： 保护动物级别： 头部 / 身体 / 尾羽颜色： 体型： 行为： 声音：
	鸟类名称 数量： 生态类群： 保护动物级别： 头部 / 身体 / 尾羽颜色： 体型： 行为： 声音：
	鸟类名称 数量： 生态类群： 保护动物级别： 头部 / 身体 / 尾羽颜色： 体型： 行为： 声音：

狂喜　开心　得意　伤心　生气　失望　震惊　平静

心情札记

＿＿年＿＿月＿＿日

续上表

	鸟类名称 _____
	数量：
	生态类群：
	保护动物级别：
	头部/身体/尾羽颜色：
	体型：
	行为：
	声音：
	鸟类名称 _____
	数量：
	生态类群：
	保护动物级别：
	头部/身体/尾羽颜色：
	体型：
	行为：
	声音：

② 观鸟博物 vlog

拍摄观鸟 vlog 是宣传增城观鸟的好方法。请在观鸟过程中，用手机或相机拍摄观鸟途中的照片、视频片段，结合观鸟体会，给出观鸟路线建议。通过研究团的讨论，共同制作独一无二的观鸟 vlog，并完成以下 vlog 脚本制作，注意素材的拍摄分工，景别（全景、中景、近景、特写等）的穿插运用。

vlog 主题			
字幕	中文/英文/……	总时长	（建议在 15～60 秒内）
宣传目的			

项目进度：计划　分工　搜集　梳理　研讨　设计　制作　测评　优化　发布

续上表

镜号	景别	时长	画面内容	解说词	备注	音效
例	全景	3秒	绿树、阳光、飞鸟	安静地听，安静地看，增城观鸟之旅开始了	可放上vlog标题	自然音
①						
②						
③						
④						
⑤						

心情札记

狂喜 开心 得意 伤心 生气 失望 震惊 平静

___年___月___日

钻研透视镜

1 我会想妙招

● **候鸟保护**

候鸟迁徙是自然界中一个壮观而神奇的现象,体现了生态系统的复杂性和生物多样性的重要性。人类为什么要为候鸟的迁徙保驾护航?根据你的观察,增城在这方面已经采取了什么措施?候鸟迁徙通道对当地发展有什么好处?请与研究团的成员共同思考,查找资料,列出大湾区候鸟保护措施清单。

大湾区候鸟保护措施清单

打击非法捕猎和贸易:加强执法力度,_____

候鸟迁徙通道的保护:加强监测网络建设,_____

提高公众保护意识:开展科普教育,_____

与生态旅游结合:因地制宜开展生态旅游,_____

⋮

● **制作智能鸟巢**

保护候鸟,可以从在校园里制作智能鸟巢做起。请观察身边的鸟巢,结合你能想到的智能手段,与研究团的伙伴探讨,为校园里的鸟类制作一个温暖的家,并将你们的智能鸟巢作为长期观察的项目吧。

智能鸟巢畅想

预想入住的鸟类:_____
预想设置的温度参数:请思考适合鸟类生存的适宜温度
预想设置的湿度参数:请思考适合鸟类生存的适宜湿度

续上表

预想设置的食物、水源及更换频率：

预想设置的卫生清理频率：

制作鸟巢的材料：请思考如何保证安全、环保、耐用

预设智能鸟巢具备的功能：

挑选合适的智能设备：清洁电源、温度传感器、湿度传感器、摄像头、

我们的鸟巢构想图

接下来，请开始动手操作，完成鸟巢的组装工作。若涉及电路安装，可请教老师或家长，共同操作，确保安全性。组装完成后，请进行调试，确保各项功能正常运行。在安装过程中，还需注意鸟巢的位置选择，避免对鸟类造成干扰。

安装照片集

2 妙手巧融合

请整理之前课次学习的部分成果，选择 2～3 个课次，分别思考这些主题如何与长期观鸟相结合，提出有趣的课次融合成果，并就一个主题活动展开，列出具体策划，达成双赢宣传目的。

观鸟 +	主题意义	主题核心问题	可视化成果
例：观鸟 + 助农	观鸟文旅是带动乡村振兴的重要抓手	观鸟文旅如何助力乡村经济？	直播售卖增城迟菜心等农产品时，进一步推销增城观鸟冰箱贴、书签等文创
观鸟 + 新能源汽车			
观鸟 + 新塘牛仔服装产业			
观鸟 + 古代先贤			
自定主题			

- **主题融合**

主题方案：观鸟 + _____

核心问题：
① _____
② _____
③ _____

研究方法：□文献研究法　　□问卷调查法　　□访谈法　　□实地考察法

研究项目进度计划与管理：

收集、整理、分析信息

研究过程

研究可视化成果

研究主要结论

项目进度　计划　分工　搜集　梳理　研讨　设计　制作　测评　优化　发布

成果分享会

1 展示准备

班级即将举办一场学期小结成果评议会，通过本课次成果及学期综合成果表现，开展班级、年级成果与反思汇报会，从研究团内到全体对项目表现进行综合评估。

展示方式	□ PPT　　□ 视频　　□ 舞台短剧　　□ 其他：	
任务分工	任务	负责人
	观鸟日志展示	
	观鸟博物 vlog	
	智能鸟巢演示	
	课次成果融合展示	
	研究团学期成果演讲	

2 最佳个人、最佳研究团

通过调查研究，各研究团都已掌握了科学的研究方法，并结合传统文化，充分发挥了系统思维与创新能力。请结合以下评分表，从研究团内部对项目表现进行综合评分，再科学、客观地对每个研究团的表现进行评分。

● 最佳个人

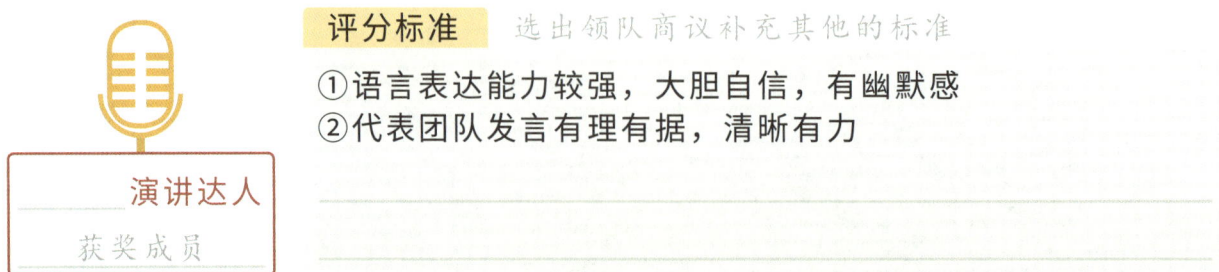

评分标准　　选出领队商议补充其他的标准
①语言表达能力较强，大胆自信，有幽默感
②代表团队发言有理有据，清晰有力

演讲达人
获奖成员

心情札记　　　年　月　日
狂喜　开心　得意　伤心　生气　失望　震惊　平静

评分标准

①迅速、准确地识别关键信息，并对信息进行深度分析
②在面临复杂问题时，能够运用逻辑思维，分析问题一针见血，并提出有效的解决方案

逻辑达人 _____

评分标准

①具备熟练的手工技能，能够高效地完成各项手工任务，且作品质量上乘
②具备快速学习新技能的能力，能够不断提升自己的手工制作水平

手工达人 _____

评分标准

①能够准确预测和评估项目的资金需求，制定合理的预算方案
②项目实施过程中，能够严格控制成本，避免不必要的浪费

财商达人 _____

评分标准

①能够提出新颖、独特的想法和建议，为团队或项目带来创新性的改变
②能够打破思维定式，将不同领域的知识和技能进行融合，产生更具创意的成果

创意达人 _____

● **最佳团队**

（获奖团队）_____

评分项目	评分标准	占比	得分
VI系统设计	研究团的VI系统被充分运用到各环节，在研究团名称及成果设计中，充分体现研究团最具传播力和感染力的形象	15%	0～100
团队综合表现	在本课次观鸟相关环节中表现优异，体现创造力与团队协作力	35%	0～100
课次融合品质	课次融合逻辑合理，细节清晰全面，融合成果富有创造力、可行性强	25%	0～100
学期成果演讲	综合演讲有感染力，能充分体现研究团的学期综合成果，表现有创造力	25%	0～100
总分			

项目进度：计划 — 分工 — 搜集 — 梳理 — 研讨 — 设计 — 制作 — 测评 — 优化 — 发布

3 分享记录

全面回顾本次项目学习经历，对自己和同学的表现作出客观评价。

学习记录卡

我通过项目学习到的内容：_____

我还想继续深入探讨的问题：_____

项目展示中，_____研究团的分享给我留下了深刻印象，他们值得学习的地方：_____

4 研究团成长贴

根据项目学习经历，给自己与队友的表现作出客观评价，并打上星星吧。

人文关怀 ☆☆☆☆☆
个人自评 我能从环境保护角度出发，为保护候鸟生存环境建言献策
最佳队友 _____

系统探究 ☆☆☆☆☆
个人自评 我能用规范、系统的方式开展探究活动，忠实记录数据、结果
最佳队友 _____

动手操作 ☆☆☆☆☆
个人自评 我能结合现代技术，制作智能鸟巢，提升鸟巢的实用性和智能性
最佳队友 _____

批判思考 ☆☆☆☆☆
个人自评 积极参与团队研讨，善于提出建设性意见，不盲从
最佳队友 _____

生态素养 ☆☆☆☆☆
个人自评 我愿意积极参与鸟类保护公益活动，成为环保宣传志愿者
最佳队友 _____

心情札记 ____年__月__日

畅想向未来

观鸟要遵守"不打扰"原则，避免人为诱鸟。为了更好保证观鸟爱好者友善观鸟，各大公园、湿地要规划好观鸟平台的设置。观鸟平台的设置要符合什么原则？怎样观鸟才不会惊扰鸟类，又能符合多样观鸟视角呢？请参照南沙湿地已有的观鸟屋等观鸟平台设计，在学校选一个空间，设计出一个富有科技感与岭南文化特色的观鸟平台，作为研究团观鸟的秘密基地。

观鸟平台设计

观鸟平台设计原则：

对鸟类

_____
_____
_____
_____
_____

对观鸟者

_____
_____
_____
_____
_____

观鸟平台装饰构想：

_____
_____
_____
_____

观鸟平台草图